近代人文社會科學譯著（第二輯）

熊月之 主編

實用教育學

[日] 越智直 安東辰治郎 著 張肇桐 譯

心理教育學

[日] 久保田貞則 編纂 無名氏 譯

上海科學技術文獻出版社

图书在版编目（CIP）数据

实用教育学　心理教育学 / 熊月之主编 . —上海：上海科学技术文献出版社，2023

（近代人文社会科学译著 . 第二辑）

ISBN 978-7-5439-8769-2

Ⅰ . ①实…　Ⅱ . ①熊…　Ⅲ . ①教育学②教育心理学　Ⅳ . ① G40 ② G44

中国国家版本馆 CIP 数据核字 (2023) 第 033360 号

策划编辑：张　树
责任编辑：王　珺
封面设计：徐　利

实用教育学　心理教育学
SHIYONG JIAOYUXUE　XINLI JIAOYUXUE
熊月之　主编
出版发行：上海科学技术文献出版社
地　　址：上海市长乐路 746 号
邮政编码：200040
经　　销：全国新华书店
印　　刷：商务印书馆上海印刷有限公司
开　　本：889mm×1194mm　1/32
印　　张：8.875
版　　次：2023 年 3 月第 1 版　2023 年 3 月第 1 次印刷
书　　号：ISBN 978-7-5439-8769-2
定　　价：88.00 元
http://www.sstlp.com

近代人文社會科學譯著（1807—1919）序言

熊月之

一

人文社會科學，包含人文學科與社會科學兩類。〔一〕

〔一〕人文學科之所以稱『學科』而不稱『科學』，因爲通常所説的科學（science），主要指以物爲研究對象、可以通過實驗進行驗证的自然科學，而人文學科則以人爲研究對象，具有個别、私人、主觀性質，無法驗证。自然科學與人文學科處於比較的兩端，差异較大，而社會科學與自然科學之間，差异較小，且在取向、知識生産模式、研究方法等方面，較爲接近。人文學科與自然科學的區别，也表現在分析和解釋方向：自然科學從多樣性、特殊性、復雜性、偶然性走向統一性、一致性、簡單性和必然性；相反，人文學科則突出獨特性、意外性、復雜性和創造性。它們屬於不同的思維能力，使用不同的概念、不同的語言形式進行表達。自然科學是理性的産物，使用事實、規律、原因等概念，並通過客觀語言溝通信息；人文學科是想象的産物，使用現象與實在、命運與自由意志等概念。所以稱『學科』而不稱『科學』，更爲突出人文學科的特質。參見《簡明不列顛百科全書》（第6卷），北京：中國大百科全書出版社，1986年，第761頁；李醒民《知識的三大部類：自然科學、社會科學和人文學科》，《學術界》2012年第8期。

學科分類在不同歷史時期、不同語境下並不相同，標準、方法也見仁見智。近代以來，學術界逐漸傾向於將人類知識分爲三大部類，即自然科學、社會科學與人文學科。自然科學以自然即客觀的物質世界作爲研究對象，包括數學、物理學、化學、天文學、地學（地理學、地質學、氣象學）與生物學等；社會科學以人類社會作爲研究對象，涵蓋經濟學、政治學、法學、社會學、行政學、教育學、倫理學等；人文學科以人爲研究對象，探尋人的生存及其意義、人的價值及其實現，涉及語言學、文學、歷史學、哲學、藝術等。

本書選輯起止時間爲1807—1919年。

衆所周知，中國近代史的起止時間，亦即中國近代史的研究對象，是從1840—1949年，因爲這百餘年的中國，是相對完整的近代形態，是一個完整的歷史時期。但是，近代西方人文社會科學在中國翻譯、傳播的歷史，與中國近代歷史的進程並不完全同步。

首先，起步更早。1807年，基督教新教傳教士、英國人馬禮遜來到澳門，然後進入廣州，拉開新一輪西學傳播序幕。稍後英國傳教士米憐、德國傳教士郭實臘等，絡繹東來。他們在馬六甲、新加坡、巴達維亞等地，開學校，辦印刷所，在當地華僑中傳播西學。他們所出版的涉及人文社會科學知識的書籍雖然不很多，但這些西學知識，與鴉片戰爭以後傳入中國的西學知識屬於統一整體，也是後者之先聲。

其次，心態轉變也早。近代中國讀書人、思想界對於以歐美爲中心的西方人文社會科學，有個從仰視到平視的轉變過程，其轉折點便是第一次世界大戰。1914—1918年，發生在帝國主義國家之間的世界大戰，有三十多個國家、15億人口卷入，傷亡人員三千萬，經濟損失難計其數。這一殘酷現實，讓中國讀書人、思想界明白，西方科學並不萬能，人類社會的演變，並不總是沿着進步的方向直綫上昇。巴黎和會上西方列强對於中國主權的無視與陵鑠，更讓中國人明白，世界上並不存在什麽平等對待弱者的『公理』。這種世界性的倒退與不公，促使東西方有識之士更加深刻地思考人類的未來，更加理性地思考東西方文化的價值。此後，西方人文社會科學在中國讀書人、思想界那裏，盡管仍然是最爲重要的文化資源之一，但已從至高無上的峰頂跌落下來，成爲與東方文化等量齊觀的一端。

這是本書將下限斷爲1919年的主要原因。

二

在介紹近代西方人文社會科學在中國傳播之前，有必要先回溯一下明末清初那段時間這方面的情況。

明末清初，利瑪竇、艾儒略、南懷仁等耶穌會傳教士編寫，或與徐光啓、李之藻、楊廷筠等人合譯的一批西學書籍，其中有十多部較多涉及人文社會科學内容，如《西國記法》(1595)、《職方外紀》(1623)、《西學凡》(1623)、《靈言蠡勺》(1624)、《西儒耳目資》(1625)、《治平西學》(約1629)、《修身西學》(1630)、《名理探》(1631)、《童幼教育》(1632)、《西方問答》(1637)、《齊家西學》(崇禎年間)、《坤輿全圖》與《坤輿圖説》(1674)、《窮理學》(1683)等，這些書對歐洲的哲學、政治學、經濟學、教育學、文學、歷史學、地理學等方面的知識有所介紹。

比如，傳汎際和李之藻合譯《名理探》，介紹了『愛知學』即哲學的含義。南懷仁編《窮理學》，介紹邏輯學的功用，稱窮理學『爲百學之宗』，爲『訂非之磨勘，試真之礪石，萬藝之司衡，靈界之日光，明悟之眼目，義理之啓鑰，爲諸學之首需者也。』[一]高一志著《治平西學》，爲最早漢譯西方政治學著作，分別從王公、群臣、兆民的行爲準則，説明何者爲宜、何者應戒，還介紹了世界上的三種政體形式：『一曰一人且王之政；二曰數人且賢之政；三曰衆人且民之政是也。』[二]艾儒略譯《職方外紀》，對歐洲教育制度包括學制、課程設置、考試方式均有所介紹。高一志著《修身西學》，述及西方倫理學知識，包括修身目的、修身憑藉與修身方法，主旨在於指明人類通過修德以確保自身行動的善，從而獲得美好，達到幸福境界。天啓年間出版的《况義》，是《伊索寓言》在中國傳播的第一個譯本。

明末清初西方人文社會科學在中國的傳播，傳播主體是利瑪竇等傳教士，中國學者徐光啓等參與譯述潤色，所傳內容從總體上説，比較零碎，不成系統，所譯編成書籍印數較少，傳播範圍較小，很多內容只是在少量學者中流傳。但是，他們所傳許多知識，開啓了近代西學東漸的先河，如地圓説、五大洲説、腦主記憶説；所創譯的諸多名詞，也被近代沿用，如亞細亞、歐羅巴、大西洋、地中海、自鳴鐘、天主等。他們以『理學』翻譯哲學，一度被近代學者沿用。

〔一〕南懷仁：《進呈窮理學書奏》，徐宗澤：《明清間耶穌會士譯著提要》第192頁，中華書局，1989年。

〔二〕高一志：《治平西學》，載黃興濤、王國榮編《明清之際西學文本》第2冊，中華書局，2013年，第614頁。

三

近代西方人文社會科學在中國翻譯、傳播的歷史，可以分爲五個階段，即1807—1842年、1843—1860年、1861—1900年、1901—1911年、1912—1919年。

第一階段，從1807年至1842年。

17世紀末18世紀初，因宗教禮儀問題，在清朝政府與羅馬教廷之間、中國耶穌會與羅馬教廷之間、耶穌會與其他天主教會之間，出現嚴重分歧。羅馬教廷要求在華天主教徒不得祭祖、不得拜孔。康熙皇帝表示，中國祭祖敬孔，不過是一種崇敬的禮節，並無宗教性質，如果來華西人，不能像利瑪竇那樣對祭祖敬孔持尊重態度，斷不準在中國居留、傳教。雙方交涉多次，不得要領。1717年（康熙五十六年），康熙皇帝下令禁止天主教在華活動。此後，天主教在華再次步入低谷。雍正、干隆等朝，又相繼頒佈禁止天主教的命令。1773年（干隆三十八年），因宗教内部紛争，羅馬教廷下令解散耶穌會，兩年後命令傳到中國，耶穌會正式解散。至此，自晚明開始在中國活動二百年的耶穌會，終於告一段落。西學傳播的細流亦因此截斷。

1807年，英國基督新教傳教士馬禮遜，受倫敦會委派，從英國經美國輾轉來到澳門，進入廣州，以後在廣州、澳門及南洋各地，進行傳教與西學傳播活動。稍後，英國傳教士米憐、楊威廉，美國傳教士龔爲仁、雅裨理、裨治文，德國傳教士郭實臘等，絡繹東來。他們在馬六甲、新加坡、巴達維亞等地，開學校，辦印刷所，出版《聖經》等宗教讀物，也在當地華僑中傳播西學。所出版的涉及人文社會科學方面的書籍有十來種，包括《生意公平聚益法》(1818)、《西游地球聞見略傳》(1819)、《地理便童略傳》(1819)、《東西史記和合》(1829)、《大英國統志》(1834)、《美理哥合省國志略》(1838)、《古今萬國綱鑒》、(1838)、《萬國地理全集》(1838)、《制國之用大略》(1839)、《貿易通誌》(1840)，所出版刊物《察世俗每月統記傳(1815—1821)》《特選撮要每月紀傳(1823—1826)》《東西洋考每月統記傳(1833—1838)》，都含有豐富的西方經濟學、歷史學、地理學知識。

比如，《生意公平聚益法》，介紹人們相互之間進行貿易應該遵循的基本法則，《地理便童略傳》對世界主要地區與國家均有介紹，對英國、美國政治制度、司法制度介紹較爲具體。《古今萬國綱鑒》，凡244頁，分20册，是鴉片戰争以前介紹世界歷史知識最爲詳盡的一部書。《貿易通誌》較爲翔實地介紹了西方的商業制度，魏源在《海國圖志》中，對許多國家的貿易、商業的介紹資料採自此書。《大英國統志》《美理哥合省國志略》分别翔實地介紹了英國、美國的國情。

再如，《察世俗每月統記傳》所載《論有羅巴列國》《論亞西亞列國》《論亞非利加列國》《論亞默利加列國》《法蘭西國作變復平略傳》等文，介紹歐洲、亞洲、美洲等地地理、歷史知識，介紹了法國的歷史。還在1821年，便介紹了剛剛立國45年的美國，稱其面積寬大，盛産各物，港口衆多，人口增加很快，且有智有力，預料其日後必爲美洲最大國家。[一]《東西洋考每月統記傳》所載《通商》《貿易》《公班衙》等文，

〔一〕《論亞默利加列國》，《察世俗每月統記傳》卷七，道光元年。

介紹西方通商理論，認爲通商貿易對商人、人民、國家都有好處，强調通商貿易要篤實誠信，不可食言行騙。

鴉片戰争以前，中國還没有被英國打敗過，中西關係還比較平等，傳教士在介紹西方情況時，心態還不是那麽傲慢，所以，行文常用對話體，以中國人習慣的説書形式出現。爲了迎合中文讀者心理，作者論述問題，每每先引一段中國古代聖賢的語録或故事，然後進行中西比較，説明東方西方，心同理同。這種表達方式，類似於明末清初耶穌會士，而不同於鴉片戰争以後傳教士那種居高臨下姿態。

第二階段，從 1843 年至 1860 年，即五口通商時期。

在 1840 年至 1842 年的中英鴉片戰争中，清朝政府戰敗，被迫與英、美、法等國簽訂不平等的《南京條約》、《望厦條約》和《黄埔條約》，被迫割讓香港給英國，開放廣州、福州、厦門、寧波、上海作爲通商口岸，允許外國人在這些口岸傳播宗教、開設學堂、開辦醫院。於是，傳教士便將活動基地從南洋遷到中國東南沿海，開始了晚清西學傳播史上的新階段。這一階段，通商口岸成爲傳播基地。此前，傳教士的活動局限於南洋一帶，西學書刊雖亦能傳至中國大陸，其所辦學校中也有華人，但畢竟水路迢迢，對中國内地影響有限。五口通商後，麥都思、雅裨理、慕維廉、艾約瑟等傳教士以這些地方爲基地，辦學校，出書刊，進行各種西學傳播活動，東南沿海遂成中國率先接受西學影響的地區。傳教士所出版《聯邦志略》(1846)、《格物窮理問答》(1851)、《地理全志》(1853)、《大英國志》(1856)、《地球説略》(1856)、《地理略論》(1859)等書籍，《中西通書》(1853—1860，年鑒)、《遐邇貫珍》(1853—1855)、《六合叢談》(1857—

1858）等雜誌，包括豐富的歷史學、地理學、經濟學知識，也有一些哲學、文學知識。

比如，《遐邇貫珍》所載《花旗國政治制度》一文，不但介紹了美國的總統選舉制、立法、司法、行政、聯邦及各州之組織，還將英、美政治制度作了比較，認爲各有利弊。再如，慕維廉譯編的《大英國志》與《地理全志》，都是超過三百多頁的大書，前者翔實地介紹了當時世界上最强大的帝國英國的歷史與現實，後者比較宏觀地介紹了世界地理知識。

這一時段，傳教士忙於在通商五口進行傳教活動，出版宗教讀物繁多，所出人文社會科學書籍較少，十來種而已，但是這些書刊在中國士紳中還是産生了比較廣泛而重要的影響。魏源編《海國圖志》，廣泛徵引了《地球圖説》等西書；徐繼畬撰《瀛寰志略》，直接得益於雅裨理等人的西書資料；王韜、管嗣復參加了一些西書與雜誌的譯編，受到這些知識的深刻影響。王韜日後出版《西學輯存六種》，頗得益於他在墨海書館協助偉烈亞力等人的西學熏陶，管嗣復則將其西學知識轉述給其老師馮桂芬，促成馮桂芬名著《校邠廬抗議》的誕生。《聯邦志略》《地理全志》《地球説略》等書還傳到了日本，并有日譯本行世。

第三階段，1860年至1900年。

1856年至1860年，英國、法國在美國、俄國等支持下，發動了侵略中國的第二次鴉片戰爭。中國再次慘敗。侵略者逼迫清朝政府先後簽訂了《天津條約》(1858)、《北京條約》(1860)等一系列不平等條約。通過這些條約，外國侵略者從中國勒索了大筆戰爭賠款，取得了一系列侵略特權。其中，與西學傳播密切相關的有：一、增開11個通商口岸，即天津、牛莊、登州、臺南、潮州、瓊州、鎮江、南京、九江、漢口、淡水。後來實際開埠時，牛莊改爲營口，登州改爲煙臺，潮州改爲汕頭。條約規定，外國人可以在這些通商口岸居住、賃房、買屋、租地起造禮拜堂、醫院、墳塋等。二、傳教自由。三、外國人可到中國内地各處遊歷、通商，中國政府應提供方便。四、開放長江。這樣，加上先前割讓的香港，開放的五口，中國被迫對外開放的城市達17個。外國人可以在南起廣州、廈門，中經上海、煙臺，北至天津、營口，東起上海、南京，沿江西上，直到中國内地，這樣廣闊的範圍裏自由活動。其結果，加强了西方列强對中國的政治侵略、經濟掠奪，也便利了他們對中國的文化滲透。

在清政府方面，以咸豐皇帝去世、辛酉政變發生、慈禧太后掌權爲轉折點，中國對外對内政策有了重大調整。總理各國事務衙門的設立，京師同文館、上海廣學會的創辦，以學習西方堅船利砲、聲光化電爲重要内容的洋務運動的開展，江南製造局等機構的設立，中國向歐洲、美洲與日本等地駐外使臣的派出，聖約翰大學等衆多教會學校的創辦，都對西學傳播産生了重要影響。1894年發生的中日甲午戰爭，中國再次慘敗，激起變法思潮高漲，維新運動發生，更推動了西學傳播的高漲。

這一階段，譯介西學方面，有兩支力量同時發力，即清政府官辦機構與教會機構，前者以京師同文館、江南製造局翻譯館爲其著者，後者以設在上海的以基督新教傳教士爲主的廣學會最爲突出，天主教耶穌會設立的土山灣印書館也貢獻甚多。

這一階段，所出版的人文社會科學譯著，數量較前大爲增多，約130種，超過以往約三百年所出同類書籍總數。內容也更加厚實系統，有適應瞭解國際形勢與外國情況需要的《萬國公法》(1864)、《歐洲史略》(1886)、《希臘志略》(1886)、《羅馬志略》(1886)、《四裔編年表》(1874)、《萬國史記》(1880)、《法國律例》(1880)、《萬國通鑒》(1882)、《八星之一總論》(1892)、《各國交涉公法論》(1898)、《歐羅巴通史》(1900)等；有介紹外交常識的《星軺指掌》(1876)、《公法便覽》(1877)、《公法會通》(1880)；有介紹西方歷史、哲學、經濟學基礎知識的《佐治刍言》(1885)、《西學略述》(1886)、《辨學啓蒙》(1886)、《富國養民策》(1886)、《地球一百名人傳》(1898)；有適應變法需要、介紹外國變法的書籍《自西徂東》(1884)、《列國變通興盛記》(1894)、《泰西新史攬要》(1895)、《文學興國策》(1896)；有爲變法運動提供理論支撑的《天演論》(1898)、《民約通義》(1898)；有爲教育變革提供學術資源的《西國學校》(1873)、《肄業要覽》(1882)、《七國新學備要》(1888)、《教育學綱要》(1899)；有合哲學與心理學爲一體的《心靈學》(1889)、《治心免病法》(1896)。《格致匯編》刊載傅蘭雅所作的《混沌説》(1877)，概略地叙述了當時中國還不大有人瞭解的生物進化論觀點。廣學會出版的李提摩太翻譯的《百年一覺》(1894)，原爲美國空想社會主義小説，影響極廣。同爲廣學會出版的《大同學》(1899)，第一次向中國人介紹了馬克思及其學説。

第四階段，1901年至1911年。

1898年的戊戌政變，1900年的八國聯軍侵略中國之役，使清朝政府的威信跌到最低點，中國國際、國內形勢均發生巨大變化。一方面，愛國人士、知識分子失望到極點，革命風潮因之而生，留日熱潮驟然而起。另一方面，清政府實行新政，鼓勵工商，廢除科舉，改革學制，繼而宣佈預備立憲。這兩方面都亟需西學（新學）資源。在這兩方面因素的共同作用下，西方人文社會科學在中國的傳播，呈井噴之勢，從内容到方式、從數量到質量都有巨大變化。

此前，西學知識主要由翻譯英、法等西書而來。1900年以後，由日本轉口輸入西學數量急劇增長，日本成爲西學輸入主要來源地。從1900年到1911年，中國通過日文、英文、法文共譯各種西書至少有1599種[一]，遠遠超過此前90年中國譯書的總數。從1902年至1904年，共譯西書533種，其中日文書籍達321種，占總數的60%。

在繁多的中譯西書中，人文社會科學比重加大。以1902年到1904年爲例，三年共譯文學、歷史、哲學、經濟、法學、政治學等人文社會科學書籍327種，占譯書總數的61%。同期翻譯自然科學書籍112種，應用科學56種，分別只占譯書總量的21%和11%。[二]所占比重從多到少的順序爲人文社會科學→自然科學→應用科學，與之前幾十年的情形正好相反。京師大學堂從1898年到1911年翻譯、出版西學教科書有六十餘部一百多册，其中人文社會科學類占62%。[三]這表明當時西學輸入的重心，已從器物技藝等物質文化層面轉到思想、學術等精神文化層面。

〔一〕見拙著：《西學東漸與晚清社會》（修訂本），中國人民大學出版社，2011年，第11頁。

〔二〕以上數據均見拙著：《西學東漸與晚清社會》（修訂本），第11頁。

〔三〕範軍：《歲月書痕》，華中師範大學出版社，2017年，第165頁。

就内容而言，這一階段所譯人文社會科學書籍，舉凡哲學、文學、歷史、經濟、法學、政治學等各學科，都有頗成規模的系統譯作。

哲學方面，概論性譯作就有9部，如井上圓了著、羅伯雅譯《哲學要領》(1902)，德國科培爾著、下田次郎述、蔡元培譯《哲學要領》(1903)，井上圓了著、王學來譯《哲學原理》(1903)；邏輯學譯作18部，如楊蔭杭譯《名學》(1902)，清野勉著、林祖同《論理學達恉》(1902)，十時彌著、田吴炤譯《論理學綱要》(1902)、嚴復譯《穆勒名學》(1905)，大西祝著，胡茂如譯《論理學》(1906)，英國耶方斯著、王國維譯《辨學》(1908)，法國孟德福著、李問漁譯《名理學》(1908)。其他哲學著作（含哲學家介紹、各國哲學、哲學史）9部，如蟹江義丸著、範迪吉等譯《西洋哲學史》(1903)、姉崎正治著、範迪吉等譯《宗教哲學》，井上圓了著、蔡元培譯《妖怪學講義録（總論）》(1906)；心理學譯作21部，如元良勇次郎著、王國維譯《心理學》(1902)，長尾槙太郎著、蔣維喬譯《心理學》(1906)等；倫理學譯作10部，如元良勇次郎著、麥鼎華譯《倫理學》(1902)、德國泡爾生著、蔡元培譯《倫理學原理》(1909)；教育學46部，如立花銑三郎述、王國維譯《教育學》(1901)，能勢榮著、葉瀚譯《泰西教育史》(1901)。清末一度流行哲學救國論，一批學者認爲救國應先救其人，救人應先救其心，救心應先救其學，而救學則應從譯介西方哲學始。因此，舉凡古希臘、羅馬哲學，西方近代哲學，以及重要哲學家生平及其學説，幾乎無一不被譯介。

文學作品翻譯更是繁盛一時，内以小説最多。據研究，從1901—1911年，中國共翻譯域外小説547

部，散文集22部，戲劇1種〔一〕。對英、美、法、俄、德、日、荷蘭、奥地利、瑞士、希臘等國文學作品均有翻譯，内以英、法、日三國最多。英國的莎士比亞、笛福、斯威夫特、哈葛德、柯南道爾、司各特、哈代、拜倫、狄更斯、斯蒂文森等，法國的小仲馬、雨果、大仲馬、朱力士、迦爾威尼，美國的斯土活夫人、布萊特夫人等人作品都有翻譯。譯自英國的，僅林紓就與人合譯哈葛德《迦因小傳》和《鬼山狼俠傳》等20種，柯南道爾《歇洛克奇案開場》等7種，司各特《撒克遜劫後英雄略》等3種，斯蒂文森《新天方夜譚》等。同是柯南道爾作品，就有周桂笙、林紓和魏易、陳家麟、包天笑等人投入翻譯。譯自法國的有，林紓與他人合譯的《巴黎茶花女遺事》《賂史》，薛紹徽譯的《八十日環遊記》，包天笑譯的《鐵世界》，朱樹人譯的《穡者傳》和《冶工軼事》，陳春生譯的《獄中花》，梁啓超等譯的《十五小豪杰》，魯迅翻譯的凡爾納小説《月界旅行》。從1899年到1911年，從日本翻譯過來的小説有55種，其中1907年就翻譯了11部，内有《佳人奇遇》《經國美談》《謀色圖財記》《美人島》《世界一周》等。〔二〕

歷史學方面，比較重要的有102部，其中通史14部，如作新社出版的《萬國歷史》(1902)、支那翻譯會社的《萬國史綱》(1903)、杭州史學齋的《萬國史要》(1903)、上海通社的《世界通史》(1903)、山西

〔一〕鄧集田：《中國現代文學的出版平臺——晚清民國時期文學出版情況統計與分析(1902—1949)》，華東師範大學博士論文，2009年，第502—512頁。

〔二〕汪帥東：《晚清日本文學翻譯研究》，《當代外語教育》2018年，第2輯。

大學堂譯書院的《邁爾通史》（1905）、江楚編譯官書局的《萬國史略》（1906）。其中英國李思倫白著、蔡爾康等譯編的《萬國通史》，規模最爲宏大，凡30卷，相繼於1900、1904、1905年由廣學會出版。地區史、國別史52部，如東亞譯書會《歐羅巴通史》（1900）、金粟齋《西洋史要》（1901）、商務印書館《亞美利加洲通史》（1902）、文明書局的《泰西通史》（1903）等，還有英、美、德、法、日等國歷史。變政史、維新史、獨立史17部，如作新社的《英國維新史》（1903）、文明書局的《佛國革命戰史》（1903）、商務印書館的《美國獨立戰史》（1911），還有關於意大利、菲律賓、希臘、印度等國獨立或變革史。其他專史5部，如開明書店的《近世海戰史》（1903）、文明書局的《世界女權發達史》。人物傳記14部，包括華盛頓、拿破侖、彼得大帝、俾斯麥等個人傳記，還有世界名人、歐洲政治學家、日本維新志士等合傳。

政治學方面，比較重要的譯編有29部，其中政治學概論性的譯作，有高田早苗講述、嵇鏡譯《國家學原理》（1901）、德國伯倫知理原著、梁啓超譯《國家學綱領》（1902）、德國那特硜著、馮自由譯的《政治學》（1902）、戢翼翬等譯《那特硜政治學》（1901）、市島謙吉著、麥曼蓀譯《政治原論》（1902）、美國伯蓋司著、楊廷棟譯《政治學》（1904年以前）；政治學理論譯作有英國斯賓塞著作、楊廷棟譯《原政》（1902）、法國盧梭著、楊廷棟譯《路索民約論》（1902），浮田龢民著、出洋學生編輯所譯《帝國主義》（1902），西川光次郎著，周子高譯《社會黨》（1902），馬君武譯《彌勒約翰自由原理》（1903），幸德秋水著、中國達識社譯《社會主義神髓》（1903），村井知至著、侯士綰譯《社會主義》（1903），加藤弘之著、陳尚素譯《人權新説》（1903），福井準造著、趙必振譯《近世社會主義》（1903），英國甄克思著、嚴復譯《社會通詮》（1904）

等。介紹各國政治態勢的有《萬國政治叢考》《最新萬國政鑒》《最新萬國政治制度》《萬國國力比較》《歐美政教紀原》《十九世紀末世界之政治》《美國民政考》等。

經濟學方面，1901年至1911年出版譯作23部。其中，嚴復翻譯的《原富》出版，是西方經濟學經典著作首次完整譯出。1902年，《欽定學堂章程》規定，今後學制三年的高等學堂政科，必須設立『理財學』即經濟學課程，這促進了西方經濟學説引進與傳播。此後，楊廷棟編《理財學教科書》、天野爲之著《理財學綱要》、商務印書館出版的田尻稻次郎著《理財學精義》，均列爲中小學理財學教材。1906年至1908年，政治經濟社等機構出版了《公債論》《租税論》《紙幣論》《貨幣論》《財政學》《計學》《比較財政學》等多種屬於經濟學分支的著作。

法學方面，這一階段譯作特多。從1901年至1911年，共譯法學書籍263種〔一〕，是晚清社會科學中譯書最多的學科。1902年，清廷命沈家本等遴選諳習中西律例司員分任纂輯，延聘東西各國精通法律之博士、律師以備顧問，復調取留學外國卒業生從事翻譯。於是，清政府有計劃地翻譯大量法律書籍。民間譯書機構或出於社會需求，或出於牟利目的，也翻譯了大批法學書籍。從國際公法、國際私法，民法、刑法、民事訴訟法、刑事訴訟法、行政法，應有盡有。不但一般性的介紹法學原理、法學流派、國際法的著作都有介紹，而且各種具體法規法制，如警察學、監獄學，也很豐富。有的同一種著作有多種譯本，

〔一〕田濤、李祝環：《清末翻譯外國法學書籍評述》，《中外法學》，2000年，第3期。

單1903年，《國際私法》就有4種譯本，《國法學》有5種譯本，《法學通論》有6種譯本。1904年至1909年，清政府爲適應法律改革需要，由修定法律館主持審定，翻譯了一大批刑法、民法方面的書籍，包括德國、法國、美國、意大利、日本等國刑法、民法多方面具體法規。1906年以後，中國地方自治聲浪日高，與地方自治相關的自治法規、地方性法規書籍翻譯頗多，諸如《地方自治論》《英國地方政治》《歐洲大陸市政論》《日本府縣制郡制要義》，與地方自治相關的警察書籍翻譯尤多，諸如《最近警察法教科書》《德國警察法》《警察全書》《警察學》《偵探學》。這些書主要自日文譯出，法律也以日本爲多。這一時期引進日本法律最爲全面的一部書籍，即《新譯日本法規大全》，由張元濟、劉崇杰等翻譯，内容相當廣泛，對清末法制改良有着重大影響。

第五階段，1912—1919年。

隨着清廷覆滅，中華民國建立，政治建設、法制建設、公民道德建設等任務提到人們面前，這些方面的譯介著作也隨之增多。與政治建設、法制建設有關的譯作主要有：同是英國莫安仁著、許家惺譯的《英國立憲鑒》（1912）、《英議院權力發達史》（1912），英國布賴斯著、孟昭常譯《平民政治》（1912），美國麥萊著、陳其鹿譯的《美國民主政治大綱》（1912），美國約翰·温澤爾著、楊鉢森、張萃農譯的《美法英德四國憲法比較》（1913），日本田中萃一郎著、畢厚譯《歐美政黨政治》（1913），美國黎卡克著、梁同譯的《政府論》（1914）、法國路易·普羅爾著、高仲和譯的《政治辨惑論》（1914），日本齋藤隆夫著、姚大中譯的《比較國會論》（1917）。東方法學會譯編法律要覽叢書多種，由泰東書局出版，包括《民法要覽》《民事訴訟法要覽》《商法要覽》《刑法要覽》等，影響廣泛。

有關公民道德建設的譯作甚多，諸如《國民道德談》(1915)、《道德之研究》(1915)、《品性論》(1916)《泰西改良社會策六章》(1917)、《新道德論》等。其中，英國著名道德學家斯邁爾斯(S. Smiles，1812–1904)多種著作被多次翻譯，包括《勤儉論》(1914)、《克己論》(1915)、《職分論》(1917)，葉農生、蔣方震、秦同培等均參與譯事。第一次世界大戰爆發以後，有一批與戰爭有關的譯作問世，如《德意志戰論》《開戰時之德意志》《美國總統威爾遜參戰演說》《革命心理》《國際同盟論》。

這一階段，馬克思主義、無政府主義書籍的譯介也有一些，包括1912年施仁榮翻譯恩格斯的《理想社會主義與實行社會主義》，是馬克思主義經典文本在中國早期傳播較爲完整的譯本，是恩格斯的著作《社會主義從空想到科學的發展》在中國的第一次譯介。1919年凌霜翻譯克羅泡特金的《近世科學與無政府主義》。

這一階段，所譯哲學、史學著作，均遠較清末爲少，但文學翻譯勢頭依然很猛。1912年至1919年，共翻譯域外小説250部，散文集35部，戲劇3部〔一〕，涉及英、法、美、俄、德、日、西班牙、奥地利、瑞士、波蘭、比利時、丹麥等國作家，内以英、法作家所占比例爲高，英、法主要作家被譯作品與清末

〔一〕鄧集田：《中國現代文學的出版平臺—晚清民國時期文學出版情況統計與分析(1902—1949)》，華東師範大學博士論文，2009年，第512—519頁。

有延續性，如英國哈葛德、柯南道爾、狄更斯，法國大仲馬、雨果等，增加較多的是美國作家華特生等人的作品，俄國托爾斯泰等人作品也陸續翻譯進來。

以上五個階段，就對中國社會影響而言，每一階段都不能忽略，各有各的影響。但綜合而言，以清末這一階段的影響，最爲廣泛而深入。數以百計的出版機構，數以千計的中譯日書，數以萬計的留日人員，難計其數的雜誌、報紙，將形形色色的西方新學轉口輸入中國。範圍之廣，數量之多，來勢之猛，是此前歷史階段也是民國初年所不可比擬的。這一階段，正是中國廢科舉、興學校的教育體制轉型期，難計其數的各門各科的新式教科書，大多是這一階段編寫的，藍本多取自日本，多取自這一階段的譯書。各門各科的辭典大量引進、編寫，無形中起着規範語言的作用。

四

近代中國被動卷入全球化浪潮之中，遭遇千古未有之變局。在此以前，中國雖然早已與外族有了關係，但那些外族都是文化較低的民族，縱使他們入主中原，到頭來也終歸爲以儒學爲核心的中國文化所化。在中國接觸的世界裏，中國以老大自居，他國也以老大尊之。但是，到了近代，情況大不一樣。中國面對的英國、美國、法國等，絶非先前的夷狄可比。這些對手，既陌生又强大，突兀而來，猝不及防。中國生産方式、生活方式、價值觀念、審美情趣、教育體系、學術體系、語言詞彙，乃至風俗習慣，無不發生深刻的變化。人文社會科學譯著，既是這一歷史變局的産物與證物，也是這一變局的助推器。

以語言詞彙而言，中國今天所用各類新詞彙，大多形成於近代。人文社會科學方面的新名詞，諸如社會、政黨、民族、階級、主義、範疇、系統、規範、唯物、唯心、主體、客體、法學、法庭、民法、刑法、金融、銀行、生産力、生産關係，都是近代出現的，而且大多是從日本移植而來。日常生活所用諸多新詞彙，也主要形成於近代。比如，以『化』字結尾的複合詞，特殊化、現代化、民族化、大衆化、自動化；以『式』字結尾的複合詞，速成式、問答式、簡易式、西洋式；以『炎』字結尾的病名，關節炎、氣管炎、腦炎、肺炎、胃炎、腸炎；以『性』字結尾的複合詞，可能性、現實性、必然性、偶然性、必要性、習慣性；以『界』字結尾的複合詞，文學界、思想界、藝術界、新聞界、出版界；以『感』字結尾的複合詞，美感、好感、惡感、情感、敏感；以『點』字結尾的複合詞，觀點、要點、焦點、重點、出發點；以『觀』字結尾的複合詞，悲觀、樂觀、人生觀、科學觀、世界觀、宇宙觀；以『論』字結尾的複合詞，一元論、宿命論、無神論、唯物論、唯心論；以『法』字結尾的複合詞，辯證法、歸納法、演繹法、綜合法、分析法。還有以『作用』『問題』『時代』『社會』『主義』『階級』等詞結尾的複合詞，心理作用、精神作用、土地問題、社會問題、舊石器時代、新石器時代、奴隸社會、封建社會、人文主義、社會主義、地主階級、農民階級。如此等等，不一而足。

新名詞如此，學科分類亦如此。以『學』字結尾的學科名，財政學、經濟學、生物學、物理學、心理學、家政學、社會學、冶金學，也都在清末定型。

近代譯介的人文社會科學，不但影響了當時的中國社會，而且業已廣泛融入中華文化傳統當中，幾乎無處不在、無時不在地體現於我們的物質文化、制度文化與觀念文化之中，體現於我們的日常生活當中。倘若不信，你且撇開此類新思想、新觀念、新學術、新詞語，寫一篇文章或者講幾句話試試！

鑒此，我們選編了這套《近代人文社會科學譯著選輯》，選擇不同歷史階段較有影響的譯著，分爲五輯，分類如下：1、人文社會科學總論與政治學；2、哲學、邏輯學、倫理學、心理學、教育學；3、歷史學、地理學、社會學、禮俗；4、法學、經濟學；5、文學、藝術、人物傳記。

鑒於嚴復所譯學術名著、林紓所譯文學著作已有多種刊本行世，本書不再收録。

《近代人文社會科學譯著》第二輯第六册説明

本册收録《實用教育學》《心理教育學》。

《實用教育學》，日本越智直、安東辰治郎合著，張肇桐譯，文明書局，1902年出版。越智直（?—1925），生平不詳，編有《小學教授法》，日本普及舍，1893年出版；《簡易教育學》，金港堂，1899年出版。安東辰治郎，生平不詳，與越智直合著《新編應用教育學》，金港堂1894年出版。

張肇桐（1881—1938），字軼歐、翼侯，號一鷗。江蘇無錫人。早年肄業於上海南洋公學，1901年赴日留學，入東京早稻田大學政治科，參與發起留日學生革命組織青年會，次年回國。著有政治小説《自由結婚》，1903年刊行。1904年考取官費留學比利時，獲比國海南工科大學路礦碩士學位，辛亥革命後回國，歷任北洋政府工商部礦務司司長、農商部礦政司司長、江蘇省實業廳廳長、山東臨城礦務局總辦、國民政府工商部商業司司長等，參與創辦地質調查研究所、礦冶研究所等科研機構。張肇桐另譯有《權利競爭論》（德國伊耶陵著，文明書局，1902年）。

《實用教育學》，凡五篇：篇首爲概論，介紹教育宗旨、方法、效果以及人的性質；一，論智育，包括感覺、智覺、記憶、概念、斷定、推理等；二，論致知之方，包括教育順序、興味及注意、教師發問之法、教授方法、各學科教授次第與法則；三，論德育，包括行爲之心理、行爲之善惡、良知、智德關係；四，論養德之方，包括修身之教、選擇嘉言懿行、教授之法、訓練、感化、教師之道德、教師之行爲、教師之言語、規則、禮儀、學生之性情、賞罰；五，論體育，兼論學校衛生事宜；六，論管學事宜。此書綜合教育學、教授法、學校管理法而爲一書，簡明扼要。所言修身之教以躬行實踐、取法鴻哲爲上。

譯者在文中，常結合文義發表一些感慨，以小號字體插在文中，從中可見譯者的思想。如，原書述及教育的效果，要注意學校教育與家庭教育的一致性，譯者插入評論：『此在今日中國尤要。鄉里家庭之習俗，純與學堂所教者相反，學堂開智，鄉里家庭塞智，庸有益乎？』〔一〕原書述及通過聯想加强記憶的問題，譯者插入一句：『如地理科中有與歷史科相關者，則類舉之等是』〔二〕。原書述及因果律問題，譯者插入一段，説明因果律與中國善惡報應説完全是兩碼事：『中國所謂善書，亦竊因果二字之似，然荒誕不經，勉强附會，實無因果之足言。此所謂因果，乃純指真理而言，在在可加實測，不可以俗意解之』〔三〕。

《實用教育學》出版以後，經管學大臣采入師範教科書中，不脛而走，1905年再版。

《心理教育學》，原著者、譯者均不詳，署『久保田貞則編纂』，爲《教育叢書》之第一種，趙必振作序，廣智書局1902年出版。久保田貞則，生卒年不詳，曾任大阪府尋常師範學校教諭、佐賀縣尋常師範

〔一〕見本書，原頁碼第2頁。
〔二〕見本書，原頁碼第10頁。
〔三〕見本書，原頁碼第11頁。

學校長、新潟縣尋常師範學校長。編有《教育學》二册，日本文學社 1891 年出版。

《心理教育學》凡十二章，篇首爲『總義』，介紹教育之意義、定義與區分。第一章爲心意總論，介紹智育之基礎、心意之定義、心意研究之方法、心象之彙類、智情意之官能、智情意之關係，以後各種依次介紹心身關係、心意發育、注意力、感覺力、知覺力、記憶力、想像力、概念力、斷定力、推理力、教授法等問題，最後是系論，總括全書要旨。

實用教育學

〔日〕越智直　安東辰治郎　著　張肇桐　譯

心理教育學

〔日〕久保田貞則　編纂　無名氏　譯

金匱張肇桐譯

實用教育學

上海文明書局藏板

實用教育學例言

國之興亡上下同之際茲時勢危迫極矣當務之急非一端坐擁皋比者不可不以教育爲己責也此書原名應用教育學應用二字華文罕見因以實用二字易之教者第循序按行勿拘勿倍雖不能得其精微或亦能略知一二去野蠻之術入文化之境此吾國教育界當今要務而譯者之苦衷也

教育二字夫豈易言約而分之以教育學教授法學校管理法三者爲最要三者各有專書而此則彙之爲一編要而不繁簡而易明爲人師者不可不知

處境不同施法亦殊吾國百事草創有窒礙難行之處不妨量爲變通惟不失其本意斯可矣

第六篇論管學事宜一切名詞均仍其舊因吾國維新取法於日本者多普通名詞不妨沿用也華文罕見者則加注於下

譯者於留學之暇涉獵東書擇其要者略事譯輯惟文詞謭陋不副所願海內君子辱教正之幸甚

光緒壬寅七月譯者識於日本東京早稻田大學

實用教育學目次

實用敎育學目次

實用教育學目次 四

實用教育學目次　終

實用教育學

日本 越智直
安東辰治郎 合著

金匱 張肇桐 飜譯

概論

第一節 論教育宗旨

學校所事教育而已教育云者非僅督率羣兒課之句讀已也必也使民德民智民力三者不虛生於日臻文明之世能競存於優勝劣敗之場而後可三者缺其一斯教育之義有未盡而尤當特加之意者則民德也民智民力既優强而民德復完備足以調濟之夫而后國乃一富而不能貧一强而不可弱有教育之責者可不愼歟三者之通稱譯自歐文爲德育智育體育而漢土所謂三達德亦即此意可知宇宙至理無間東西

第二節 論教育之法

欲副教育之宗旨則學校所當有事者凡二曰教授曰訓練教授以養智訓練以明德以强力此常俗所共知也雖然其別亦正有不得如此割然者智僅恃教授智不必明德與力僅恃訓練德力亦必不固一言蔽之必教授訓練二事不偏廢而后智德體三育始完成耳

第三節　論教育之效

曰教曰育義甚廣博自生至死一靜一動不可暫離施之受之於學校者特其一小分耳故學校教育雖克臻美備而世道人心家庭朋友不足以磋砌而薰陶之則教育之宗旨必不得而達是以授業有暇復聯絡其家庭（此在今日中國尤要鄉里家庭之習俗純與學堂所教者相反學堂開智鄉里家庭塞智庸有益乎譯者則有學校家庭聯絡法之譯事言此事殺青之日當亦不遠可參看也）以感化之亦教師所當有事也教師之責顧不重歟

第就學校教育而論自來約有兩說康德海魯物却師等之言曰性猶湍水決之東方則東流決之西方則西流教者得任意左右之而旭烹懷等諸子則謂性賦於天人莫能違教育雖善亦僅得稍稍矯正之余以爲二說皆一偏之論折衷言之人性

雖非無定。而教育之力。實能變化氣質。第恐教之不得其道耳。

第四節　論人之性質

性質云者。行爲之勢力也。心學家稱此勢力爲意志。實萬事之始基。世所謂獨立自由等云云者。皆形容此意志之力耳。意志所在。必有其的。此的是名希望。故意志恒與希望俱來。畢生所經營。達此希望而已。希望有卑陋。有高尚。此豪傑庸愚所由分也。

希望爲萬事之始基。固矣。然希望之心。生於不足之一念。滿足則樂。否則憂。人情大抵然耳。感覺此憂樂之能力。是名感情。故有感情而后有希望。而后人之意志行爲。可得而知。

雖然有感情而知未致。則感情終歸於無效。有所好而知不足以決善惡。則希望終不得而定。善惡決。希望定。而力有未逮。亦不足與語實踐躬行。補此諸遺憾者。其知力乎。故論意志之始基。知力與感情實相得而益彰。啓發人性之教育。亦先發育此二者而已。益學者之智。使其智力繼長增高。是爲智育。使之決善惡。別是非。感情意

志斐然可觀是爲德育强健其心身使之精神充固志氣勇敢坐而言即可起而行是爲體育其旨如是其法則俟分別詳論之

第一篇 論智育

第一節 總論

有所知而后有所感知不足以知物之美惡則感情亦無由而生感情旣無更何有乎意志何有乎行爲乎（參看第三篇德育論）故溥通教育必以格物致知爲先務務使學者知足以辨邪正別是非力亦足以行其所欲爲此各種學科之功用也雖然知力技能固不難得之自讀書而溥通教育之所貴尤在就日用尋常之事物隨時指示使學者所得技能智識易見之實行近世小學課程大率本此意而定如作文習字圖畫手工裁縫體操農業皆日用必須之技能也餘如歷史地理等亦無不以啓智慧求實用爲主旨非然者溥通教育名存而實亡矣抑又有言者雖敎此等簡易之課業其方法其次第亦必與所謂知力作用發達之次第相吻合失之毫厘其差千里學

者乏而寡益。教者勞而無功。不可不愼也。今於本篇論究兒童知力發育之次第。教授之法。亦於次篇詳述之。

人有五官。觸境生感。能識事物之略形。復能辨別其異同。是之謂感覺。（感覺有憂樂之別俟於德育篇論之）感覺者實知力或智識之始基也。與接爲搆。日以心鬥。賴有此耳。以感覺立之基而次第發生者。則又有知覺記憶想像思想。（思想一端析言之有概念斷定推理三者此其總稱也后分三節詳論之）今試逐次論之。

第二節　論感覺

自腦髓通全身之神經（西名涅伏俗曰腦氣筋）凡二種。五官與物相接。其一即以達之腦。是名感覺神經。腦既得報。思想斯生。又其一乃傳令而動百體。是名發動神經。人藉感覺神經而感受外物於心腦。即所謂感覺也。感覺爲物。不外辨物之異同而已。室內寒溫。晨夕相差十度。能辨即爲感覺。不能辨則爲無感覺之人。不獨感覺然也。所謂知覺記憶想像。莫不自能辨始。是故小學始教。必類舉實物。詳爲比較。令學者自指物性之異同。以期感覺神經。虛靈活潑。無所窒礙。

人能辨別大小廣狹剛柔輕重冷暖疾徐遠邇高卑甘苦美惡等物性者皆感覺爲之也耳目鼻口手指筋骨皆感覺之機關謂之覺官合稱六官（古人略筋骨故祗言五官）因之感覺亦得六種曰聽覺曰視覺曰嗅覺曰味覺曰觸覺曰筋骨感覺今畧釋之如下（感覺機關尚不止六特以無關知力故從略）

筋骨感覺者散布於筋骨中之發動神經之感覺也恒與觸覺俱生故吾人能知己身之運動能知外物之抵抗又能知物性之輕重一身皆有此感覺而在手腕眼球舌端爲最著故手之觸覺目之視覺苟與感覺會則所覺之正且確度越尋常

觸覺者散布于皮膚之神經之感覺也物之廣狹厚薄精粗冷熱剛柔等恃此而知亦全身皆有之而在指尖舌端爲最著惟欲知物之廣狹剛柔等不得獨特此觸覺必與筋骨感覺會而后可

視覺者注目視物時之感覺也不與物塵相接觸而能知其形狀色澤大小等一身之中惟目能之至若色澤一端舍目而外他感覺更無能爲役吾人習慣視觸往往並用習之既久如粗滑剛柔等向雖待觸始知者繼則一望瞭然物之遠近等向惟

筋骨感覺能知者。後亦以目可測。故目盡已職。常有餘勇可賈。世人以目矑擬之日月。良不誣也。若視而不明。則形狀大小。尚可強辨。而色澤美惡。永不得知。色盲之稱。於是起焉。

聽覺以知音爲專職。閱歷既多。亦得間接而知物之剛柔遠近。于此感覺聽音樂之神經。與聽常音之神經異。後者不學而自能。前者半由天性。半由力學。未易發達也。

右述感覺凡四。皆智識之母。最可愛重。若嗅覺味覺。則與人之憂樂關係多。而與智識關係少。非智識之母。而感情之母也。今姑略之。

第三節　論知覺

諸感覺各有所長。各能知物性中之一二。而物之眞相。則未易知。何也。一物之中。可感知之性質。固非一種。欲知其眞相。必悉知其各種之性質。欲悉知其各種之性質。必非一感覺之力所能爲也。耳聞目視手觸。殆缺一不可。今有一黑板於此。其大小形狀色澤。目所能感覺也。其堅其滑。手觸之可知。其重量即必合觸覺與筋骨感覺二者而后知。其音響則必傾耳而始辨。區區一黑板。耳必集合感覺如此。纔得知其眞知物之難。不亦甚歟。人或有一望一觸而即知者。盖別有故在。屢見其物。諸感覺與之相習。後復相遇。一感覺知之。他感覺亦如遇舊友。來相應接。故知之較速耳。淺人不察。遂謂一感覺之力。即足知物之眞。天下事寧有如此易易耶。由衆感覺而知物之眞。是名知覺。故知覺者。感覺之積也。試更取譬。吾人突聞一聲。不知其自何方來。亦不知其自何物發。乃感覺而非知覺。能明知其爲正午之號砲。或火車之轟聲。則知覺而非僅感覺也。感覺知覺。亦稱經驗。其深加之意而知覺者。則特稱觀察。小學始教。所以不專尙言語文字。而必憑實物以爲教者。亦欲學者合衆感覺之長。而知物之眞耳。

第四節　論記憶

由感覺而知覺。則物之眞相已得。得而勿失。藏之胸中。後雖不遇其物。亦能思之。此即記憶之謂也。心所記憶。克代眞物。不必右史左圖。窮年兀兀。而胸中蘊蓄。自有增而無損。智識眞理之材料。孰有貴於是者。故學者爲學。不徒當在在加意。求能知覺。既知既覺。又貴歷久不忘。非然者。易知易忘。猶未知耳。

一物當前既深加之意而知之覺之又時時反覆深思而求記憶之果能不忘矣乎曰事物苟孤立與他事物絕無關係者畢竟欲記而無從此讀書不求甚解而徒事强記者所以徒勞而少功也故欲使學者善記憶必就其所學之事物指示其與他事物關係連絡之處既知關係連絡之處則理會甚易記憶自便如連鎖然思得其一餘者不思而自至席上談笑循環無已日間構思夜夢類之皆此理耳

事物之關係非可漫然指示也有定理焉不遑枚舉大別之凡得四綱曰類似之關係曰反對之關係曰近接之關係曰因果之關係本此四綱乃生四律試逐一詳述之如左

一類似連合律　知一物思一事而就已知之事物中擇其類似者相提並攷之即此律之謂也見攝影則思其人見蜘蛛則思蟛蟹五官之力參互錯縱始因其同而並舉繼見其異而細分知之既確自不能忘實博聞强記之要道也外此如偏全本末等之關係亦皆屬此律數學之方程式名學之所謂肯定命題推測式等殆無不應用此律焉

右舉各例全相類似稍有知識大抵能思而神同貌異之事物如薪之燃體之温皆養氣之作用等則雖在成人尙苦難解以語初學徒費其腦斷非所宜故教師望學者觸類旁通必先求能近取譬或就曩時所教或就他科（如地理科中有與歷史科相關者則類舉之等是）所有務擇其淺顯親切者相提並論使學者温故知新融會貫通不至有格不相入之弊

二反對連合律　知一物思一事而前所經歷之事與之相反者不覺并及之則此律之謂也見英雄則思庸人之無用見富豪則思貧人之可悲皆此例也故教師欲開豁學者之心胸而助其記憶不徒當使知類似之關係又當使知大相反對者一反一正相爲表裏執此法以教人其效甚著例如講直線之理善講者類不突然畫一直線而教之必先示以曲線使之兩兩比較而后徐言直之所以爲直凡此所以使學者易知而難忘也

三接近連合律　事雖不同而常相接近相提並論亦足爲記憶之一助者則此律之謂也例如泰山長江同在支那王羲之愛鵝僧衣袈裟梅之味酸故望泰山則念

長江。蓄白鵝。則懷義之惡僧并惡袈裟。見梅實即若酸味近鼻。其交相感通而助記憶。大抵如此。

幼童惡戲。父兄以懲罰禁之。亦此律之微意也。蓋兒童熟知惡戲每與懲罰俱至。念及惡戲。即念及懲罰之苦。故能改過。故能遷善也。

四。因果連合律　有一定之因。斯必有一定之果。因果之關係。亦與接近律相彷彿。思其一必得其二者也。月暈而風。礎潤而雨。見佳子弟。即思父兄之善教。見學校多而學生賢。即知其民智高而國勢强。皆此例也。如此關係。最爲切要。凡百學理。惟在精究此關係而已。故小學始教。即當于因果（中國所謂善書亦竊因果二字之似然荒誕不經勉强附會實無因果之足言此所謂因果乃純指眞理而言在在可加實測不可以俗義解之）一端。詳細講解。學者熟知此理。他日自能問一而知其餘。較之前述之律。尤爲要也。

第五節　論想像

心中感覺一事物。不徒貴時時强記。永久勿忘。好學深思者。往往能就見聞之一事物。剖分演繹。妙想繁生。又往往能就所見聞之數事物。鎔而治之。成一大觀。舉凡未聞未見之事物皆得閉目游神就區區所已見聞者描畫其彷彿若此者謂之想像蓋前古文物目所不覩異域山河足跡難遍縱有書可讀有友可問設不能默運匠心自創意境終不足與語學也百聞不如一見古人誠不我欺然縱橫上下欲見而不得見者正多想像所以補閱歷之不逮在常人且不可缺況學者乎然想像之所以成亦必有已知之事物作之基否則皮之不存毛將安傅今日教人之法類不但憑課書而必益之以圖畫標本模型即與學者以搆造想像地耳又教學者作文作歌或發問題使之解答亦不外使學者從無生有舉一反三活用心思觸類旁通要之知覺實驗爲學問之基礎而高尙奇妙之想像即從此而啓發正如殿堂臺榭之建于地有地無屋荒凉無味有屋無基亦成忘想虛實相生可並行不可偏廢有事於敎育者不可以不察也

第六節　論概念

知覺想像之時存於吾人胸臆者對於各事物之觀念耳事物無限即可記憶之觀念亦無限然區區方寸之間欲網羅天下一切事物博學而强記之勢必有所不能

于是有省畧之法此概念之所由來也質而言之即五官中契合類似同等者之官能是已無數観念之中苟類似者概括之爲一類以減觀念之數而成一普通觀念試舉其例如曰白人黄人或黑人皆觀念也其形狀姸醜容有異同而其重要之形質初無大異故總括之而成一概念曰人類則前述之數觀念固悉在其中矣人之概念又小焉者也人與禽獸魚虫異者惟在性靈之有無而其他大畧相似故又可總括人獸而成一大概念曰動物于以知概念云者即集衆觀念之大成也凡文法所謂公名類皆可以此法類集之所括愈多概念愈大

又事物雖異而所具形質亦往往有互相類似者色形大小凡物必具故亦得提出公有之一性而成一觀念且亦得由觀念而成一概念是爲抽象（抽象二字有提要鉤元之意）概念例如赤大圓等是也凡文法所謂孚名或形容詞皆代表此概念者也

概念之作用實諸學科之始基欲學者明概念之眞義必依實物以爲教例如欲使知紙爲概念當多示以各種之紙而使學者自括而自成之但憑口授所不貴也理科中如博物學大抵用此法教授苟無此法則萬物之多奚啻星棋望洋爲歎記云

乎哉。

第七節　論斷定

諸概念互有關係第三節論記憶時已畧述之如言人爲動物即述人與動物兩概念間類似之關係也何也人爲動物之一部即人與動物之一部正相等也又如言日本人非中國人即述日本人與中國人兩概念間相差之關係也外此有明接近之關係者有明因果之關係者此第三節中所以有四律也抽象觀念亦同此理如言朱者赤也即明朱與赤兩抽象概念間類似之關係也餘不具論可以類推

吾人欲確知概念之關係無不由閱歷省察而來否則不能爲斷故斷定云者即道破諸概念間之關係而確認之是也斷定而現諸文字是爲命題命題因類異名在幾何學曰公理定義定理在數學曰方程或不等式等外此一切所謂理法法則等者皆命題之種類也而定義一端爲最要今特明解之

夫概念有大小之不同同類之諸小概念再括之即稍大稍大之諸概念更括之則更大層層相重是爲分類猶之郵局寄書按地名而類別也業經分類之概念大者

謂之綱小者謂之目互相對待而目與目之關係稱等屬目與綱之關係稱繫屬諸目之所以繫屬於一綱者因諸目之形質大畧相似散之爲目之本質合之即可爲綱之形質也既共屬一綱而又各爲一目者則因本質之外尙有相異之特性特性亦稱差質與本質對二者皆概念之內包也（內包猶言包于內之物也）記述兩內包精密明瞭者是爲定義故定義之眞義不外防所集概念之散逸而以文字結束之耳故教授之時述一概念即定其義試舉一例如左

三角形（概念）者以三直線圍繞（概念之差質）之平面形（本質）也

右即三角形之定義也三角形與四邊形五邊形以至若干角形共繫屬於一概念即平面形是也其所特異者在以三直線圍繞之耳故定其義但明示其「三角」與「以三直線圍繞之平面形」兩概念之關係則其斷定可明斷定即命題斯定義即命題之一端也由是觀之爲定義時所用文字不宜與表概念之文字（即被定義之文字也）同如言「加法乃加二種以上之數」也雖不可不謂之定義然但以加字示加法之爲何究不甚妥蓋加法之本質乃算法之一而其差質則在求一等于兩數以上相合之數也

故疇人定加法之義恒曰「加法者求一等于兩數以上相合之數之算法也」驟觀不免累墜細味則甚確當蓋得定義之正者也

第八節　論推理

閱歷省察之功深恒能概括斷定之類似者而更爲新斷所謂歸納推理是已例如石無所支則墜而琴書刀劍莫不皆然故得總括之而下一新斷定曰「一切有形物體皆下墜之物也」名學所謂斷言或結論即此之謂也

又據歸納斷定爲基礎而就未經實驗之新事物推度之以爲新斷則謂之演繹推理其例如左

甲　動物皆須食物

乙　牛馬動物也

丙　故牛馬須食物者也

式中甲乙爲歸納斷定謂之大小二前提丙即由此推論而得之斷定也苟甲乙理眞而法正丙亦必無誤故演繹推理得不由實驗而坐得眞理也如此論式成自三

段稱三段論法實論式之正者然吾人日常論談之際初不必拘拘若是因有所謂畧式或變式焉譬如前例常言恒爲牛馬乃動物須食物者或牛馬須食物何也以其爲動物也蓋普通之理習熟易曉無待蹈距循規始克顯明猶之幼童不曉文義亦能操日用常言也惟是吾人不爲名學知力難期完全故苟有志於智育非精於推理不爲功小學所課數學理科皆爲演習推理地也

綜以上所述概念斷定推理三者之作用斯謂之思念亦曰思想蓋知力之極則也智育云者特使人演習此等之作用而得實用其智識耳

苟欲發育前述諸能力不論所授何學均得因勢利導而教授時有最要者二事曰實驗實物曰言語文字二者相爲表裏缺一不可蓋實驗實物爲概念所由生而言語文字能使無形之概念由隱而顯也專尙文言而概念所由生之實驗反等閑視之必非教授之良法而殫力實驗概念所由顯之文言悉置不問亦非用智之正則言語文字者人生交際之要具精心練習乃克有濟小學始教所以側重讀書作文習字諸科也

第二篇

論致知之方

教授之法觀前篇所述不難粗明今不憚煩更條分縷析而詳論之

第一節　論教貴循序

兒童知能之作用發育之次第前篇既畧述之矣感覺知覺發作最先而斷定推理爲最後感覺知覺記憶想像等發自一事一物形跡可憑作用較簡概念斷定推理在明事物間之關係乃無形之事理故作用稍繁以是無論所授何業皆當循序漸進先就實物指敎而諸學科之後先緩急亦循此序以爲斷理科中博物一項當先於格致化學博物由實物而達概念格化則專由推理也地理歷史當先於理科數學亦因治地理歷史所貴在想像而想像力在諸能力中發作較早也至若指敎之道定序更在所當嚴今擇要錄左爲人師者不可不知

一先覺後思

先就單獨之事物使之感覺知覺而后使概括其類似者以成概念

二由顯而隱

單獨之事物形跡可憑顯者也事物間之關係由思想（即概念斷定推理）而來隱者也

三先事後理

顯者事實理法則隱也

四由散而聚由小聚而大聚

概念乃各事物之聚各事物乃散見於概念中之質點耳

右列四條一言蔽之曰自簡短粗畧以進于繁雜精密而已實教授之原理也其理既明當詳其法請先即興味及注意論之

第二節　論興味及注意

音聲達耳形色入目意不注焉決無所感此大學心不在焉數語所以爲心學家所稱道也原心意一切之作用無不由注意開其端注意之理有未明斯教授之妙有未盡而或者謂注意云者隨他能力以爲用非能特立獨行也雖亦有視爲能力之一者夷攷其本質實不過意志中得以自制之一事故諸爲心學者特於意志篇中

備一節論之耳殊不知論心之時注意雖爲意志之附庸而授業之時注意實爲要中之要余論此獨先良有以也

注意一言自常俗觀之則容心外物有所爲而爲之謂也靜言思之乃知其不純由心時或因外物新奇樂趣勃生忽不識不知而注意及之（興味亦情操之一屬于感情者也俟于德育篇詳論之）由前之說謂之有意注意亦曰自動注意由後之說謂之無意注意亦曰受動注意幼兒之注意殆皆受動有意注意則隨年齡而發育馴至成人受動注意之力亦遙優于自動臨窗把卷不久生厭而鴻鵠驟至輒頷爲之舉誰謂自動之能優于受動乎且原自動注意之由來莫不因利害切已而后起是亦興味而已矣雖謂注意之激因純在興味非過言也自動注意之異于他動特其所自發之興味不出于一時新奇之物而出于永久之利害耳敎師當使學者自能注意雖在喧囂之所不足以奪其爲學之心夫而后學乃可樂雖愚必明此盡人所知也然欲使學者以學爲樂必令理會吾所敎授易而不苦而欲人理會吾所敎授又不可不善用前篇所述連合律理會既易中心自快所謂興味無過是矣抑又有說焉兒童力弱至易厭倦

興味雖强注意難久教者苟不變化盡妙如演劇然則雖遵以上諸法猶之無益耳欲使人自能注意則一切能誘起無意注意之物自不宜近例如在課室不得窺窗外一室讀書鄰室不得課音樂皆學校應有之規約也又幼兒自遊塲入課室之初每不能全忘遊戲而容心課業教師當此宜試問一二事使之解答則彼曹縱不能頓注全力於課業而遊戲餘念不得不絕矣

如上所述實能使學者容心課業興味勃生夷攻其法亦非甚難但不誤教授之順序善用連合四律使人理會教旨且臨機多變化可耳此漢盤德之名論讀者不可以其近而忽之也

第三節 論教師發問之法

溫故知新事最易而收效最鉅學者就學之先胸中已羅列無數觀念教人者當指示新事時最宜就其所已有之觀念相提並論則理會速而記憶亦易所謂自已知以進於未知也而欲知此等之妙用不可不討究發問之方法古希臘鴻哲蘇格拉第之以善教人稱不外善用此發問法而已而世人恒易視此法一若不學可能者

誠可怪也

發問之用不僅此也可以驗教授功效之鉅細可以使學者練習語言不視發言於稠衆中爲畏途可以使教者學者互相鬬智活潑潑地不生厭倦以視彼羣居終日猛教猛讀絕不問難質疑者不愈千萬乎今將師生問答之際所當注意者若干事臚列如左言盡有本非臆說也

一幼兒腦力似新萌之芽可愛護不可稍傷强以難能之事非徒無益直害之耳故教師發問之先當設身處地就學生所已知者稍進一步以提撕之倘所問稍難當先問其能答與否苟不能答直指示之可也

二發問時教師當令全班學生息心以聽問畢然后指一人使對設問時即向一人發言他人將充耳無聞非良法也又既指一人使對之后他生或即從此息肩不再深思故善教者得一生之答詞恒令全班人舉手判斷其是非而后申之以己意要之一班容人雖多教者不可不視如一人耳

三教師問辭以簡爲貴前後不得濫用贅言務使聽者易知其要旨之所在惟所問

過於輕淡答者得以然或否一字了之者似亦無甚足取因所決不過兩途雖不眞明其理亦能偶合也

發問順序原本名學惟用語過難則斷非所宜

四兒童答問既可藉明事理又可練習言語教師當注意其巧拙而時有以匡正輔益之發問既畢靜心待對勿使欲速而亂序而失旨又不可聽以片詞隻語答題意中之一端使誠難如題詳對而他生又不耐久待當設法匡正之或即代答之惟答詞雖不如題而詞意不無可取則不宜急使之止或使再述或加一二語以助之務令畢其詞若逕使他人續答則非奬勵發言之善策蓋學者雖眞明所問之理或因言語未嫺難達所見而答詞遂不完者往往有之平素寡言之兒尤多此病苟不隨時奬勵勢將長此吶吶非細事也惟就所已教者發問時學者或答曰不知不能則必痛斥之夫既學之事理所當知亦所當能無理之言非學者所宜道且西哲嘗言不能二字惟至愚者言之好男兒斷不出之口故教師未問之先默量學者之知捨難取易則可若既問之後則不宜常任其以不能爲辭倘成習慣則他日無論所遇

何事凡足勞之者不能二字必矢口而出豈有教育者所宜爾乎

五學者質疑問難尤爲學問中一要事苟非潛心作課銳意求進者不能也故伊古良師循循善誘惟恐不問而近世談教育者尤以此爲至樂但一生質問之時必令全班靜聽而受問者（即教師）自對不若使傍聽者（問者以外之學生）代答苟求其故仍不外第二條視全班如一人之謂也

第四節　論教授有二術

智識之極則不過斷定推理教人之法亦循智力發作之次第造乎斷定推理之域而已而顯之倒也則有二術以省察實物始以概念斷定終是謂歸納教授術（元注所云謂因物教授客觀的教授等是也勿與實物教授或直覺教授混）以公理定則始以布行推闡終是謂演繹教授術無論所授何科初授必取法於歸納使學者察其曲而知其全執其微以會其通而臨機推理之際則又往往有事於演繹故學者能據公理以斷衆事設定數以逆未然此二術之大畧也其詳則俟分論之

以下論歸納教授術

地理初步算術初步幷理科中博物一項專循此術以爲教其次第如左

觀察第一　指示同類物若干（必在二以上）使學者將其形狀大小色澤粗滑剛柔等諸性以至生活成長之狀態習性（元注云此惟指生物而言）等注意而知覺之有所不悟則指導之旣明矣則使二三人陳述所知覺者之眞相而使餘子聽其言務使各有一觀念確而且實如物甚溥通爲兒童所熟知者則但憑口說不示實物實演習感覺知覺之一法也若應示實物而其物不備則率學者外出使之實驗或以圖畫雛形等代用或幷此而不能時則教師惟有竭力講解以期學者聲入心通如目覩其物而已此則使兒童試想像之法也

比較第二　將觀察想像之所得參互比較明其關係而以辨別其異同（關係共四種論記憶時已論及而類似反對二種爲尤要）爲尤要演習旣熟自能就各物著明之性質而察其隱微爲同爲異所差幾何一目可知矣

鈎元第三　比較旣畢使學者將各物所同具之形質提出成一槪念是爲抽象槪念旣成之後復使表之以言華之於書設不明瞭再詳告之

概括第四．提要鈎元之餘所得概念即各物公有之形質也形質之數多寡無定當時觀察所及者外或尙有備此形質而爲兒童所知者亦可使概括之既成一類乃定其名其名之詞學生有知者即使道之否則敎之所定之名必普通名詞（即概念即公名）也概念必默運精心概括之而始得言語文字次之敎育家所以有先觀念而後言語之說也

斷定第五　既經鈎元復經概括而得觀念時可使兒童試斷之或表之以言或筆之於書則概念之定義定理從此可知矣敎授一事至此乃終疊用此法得窺一學科之全敎科佳本多循此序而編者

以上所述歸納敎授術之大畧也與一科學發達之次第畧相一致如敎修身往往先舉一類實例而後使學者概括之且謀如何踐行之亦不外歸納之術也但他科每指實物以爲敎而此則所舉者爲古今人嘉言懿行雖曰實例必不能在目前耳此亦自然之理無可如何者也

以上論演繹敎授術

以歸納敎授術斷定之定義定理實確當之知識倘有事於演繹可即以此爲根據故本學者所已知之定義定理布衍而指示之是爲演繹敎授術算術幾何格致化學地文等大抵依此術以爲敎其能使學者應用智識日臻靈敏無異運動軀體日益强壯不知此術者未足與語敎授也其次第如左

會通第一　先就所敎事項之定義詳悉講解明其公理至諸人明瞭曉暢而后已

辨異第二　大別敎授之事項指示其名目使學者知各目之異同

分論第三　就事項之定義及各目之差質（相異之質）使學者本演繹推理術定各目之義明各目之理

察微第四　更分前所分之各目附以名稱辨其差質分至極細直達根原而后止

地理各國誌大率類此故敎科書亦有用此體裁者

演繹敎授純以定義定理爲根據倘定義理有未眞則雖推理之法無誤其所得斷言亦不可憑信特妄想而已故定義爲物必經實驗且依歸納法而得否則不徒無益且大足妨學問之進步不可不察也

第五節　論各學科教授之次第兼論其法則

小學教科目中如修身算術地理理科幾何等皆可併用歸納演繹兩術以爲教且非謂欲通一教科之全必先歸納而繼之以演繹也即授一學科中之一事項亦得併用兩術而指發概念定理時則大抵專從事於演繹即教科書之體裁亦不可不奉此爲依歸

此外如讀書歷史外國語農業商業等皆不必定依推理之術（元注云此但指普通教育而言）蓋教授此類學科但當自已知以進未知若已知者確能記憶則日進月邁非難事也作文習字體操圖畫唱歌手工裁縫農業實習皆係技術專尙熟練教授之術亦無事於推理特由簡而繁由偏而全使之層累而上可矣

玆有一言不可不注意者即定教授時刻及用教科書是也無論所授何業凡教授一事項必先將前日所授之課試問學者以期弗忘繼乃教授新課令學者依次講讀而匡正輔翼之畢更就新課師弟互相問答然后乃止統計共三步若教初學一小時可畢若所教稍繁則非兩小時不能教學均貴周密欲速必不達也教科書除

讀書科必令學者試讀外如有應令誦讀之處亦不可忽（外國學校惟讀書科稍朗讀餘皆默誦惟必須諷誦之處教師乃指示之）且無論用教科書與否（小學校間亦有一二科不用課書而令教者口授學者筆記）教師必早豫備豫定每日所當教之事項記入一書而一切應用之實物器械或如何講解問答等亦一律記入庶臨時不至慌亂今試就各學科教授法之大要畧述之

一修身科　此科教授之法俟於養德篇詳論今姑缺之

二讀書科　無論何學科雖均憑言語文字以爲教而讀書科專以討究言語文字爲要旨自較他科有獨到之處夫古今人之智識思想感情意志胥於文字表之苟不深明文理何由論世知人而出外交際閉戶自修尤不可一日離文字二字故教授此事非特運精心斟酌盡善不可

讀書之道貴明晰不貴記誦所讀書當由淺入深循序而進先識字次學短句次學稍長者而后漸及短篇長篇務使學者有優游涵泳之樂無生吞活剝之苦若徒務高遠強乳臭以聖賢名著則非徒無益而大有害甚背理吾不取也

凡教讀本書教師當先將難字書之黑板明其音義始令學者展卷能讀聽讀之不

能則自讀若干回而后使讀讀法既明擇難句一一講教並令學者學講畢更問學者有疑有義與否促其質問務求人人字字明瞭而後已翌日復擇要問之或朗讀之而令學者照寫於石盤則凡教一字學者必能解能講能寫而不虛所學矣

三作文科　讀書能由文章悟人之思想作文則由文章表己之思想已有思想感情意志非文字文法無以代表作文之重要可知矣然作文之教必量學者之力強求高遠亦屬背理且思想文筆固不難因作文而有進文法文字則必於讀書科求之讀書明晰作文自易此文學家不刊之論初學時即當奉為圭臬者也

作文之法造句為先初極短繼漸長初祗一二句繼漸增俟能成一短篇後或就目前之事發題使述或授俗語令改文言或教者胸中擬一小篇而以應用之名詞動詞接續詞等書示學者令聯絡之良法美意不可勝計教者隨時妙用之可矣至文之種類亦難殫述而年少時似以記事文書簡文為最要此皆日用所不可缺者非童而習之不能工也

文章體裁不求高古但求能達所見語格文法無誤斯可矣書簡文例男女稍異而

一以開發思想習熟格式爲主。課題種類。或記實物。或述事實。或白所懷。務求簡易。使學者得伸紙直書。否則不肖者畏難。而賢者亦必終日咿唔蹈老生賤儒之弊矣。

四習字科　習字一端。謂之小道也可。謂之要道亦無不可。雖不必寢食於此。求肖蘇歐柳趙。然既爲日用所須。亦必求間架端正。書寫敏捷。故在小學校中恒以此爲專科。教之之法。由易而難。凡執筆磨墨之法。筆畫先後次第。以及身體之容勢。皆當注意。尤宜防其水墨淋漓。養成不潔之習。（以上三科因國而異故但譯大意其僅指日本而言者皆略之）

五算術科　算術最足發人心思。亦最易耗人腦力。故教初學。或參遊戲之法。使明數理。或依目前所見實物。使之計算。要以簡易爲主。

算術初教。必備各種簡易器具。如教加減乘除時。則以貝殼小石小菓等雜示學者。教分數時。則以一物剖爲若干分而示之。餘如小數比例百分法開方等。莫不有至簡之器。可資教授。若但憑口說。則好學深思之兒。尚能會悟。否則有難言者。即强記其法。亦不能見之實用也。

算術有珠算筆算二種。各有所長。不妨並習。惟初學之時。則當先心算。

算術初教最要使學者辨明數位例如從一五六中減五在不明數位者必就一五六之全體着想不免累墜苟早明之則百位之一十位之五皆置不問但從單位之六減五而以餘數一與一五〇相加便得答數矣

六地理科　地理初敎當先使學者知方位及地理學所用之尺度而后左圖右書示以本國國界以及界內所有名都大邑高山大川漸進而告以較小之地又恐其乾燥無味也隨時益之以古今著名可喜之事跡或陳述兒童所愛之物產本國之大畧既明復示以地球儀等使知本國之外尙有無數邦國大小林立以破其夜郞之見以養其愛國之心

七歷史科　歷史與地理相輔而行教科書宜明淨簡潔記述盛衰大畧而外益之以偉人奇功鄉土軼事以快讀者而沿革圖宜常備左右與現時地圖參看否則雖日讀史終屬糢糊

歷史地理所以爲重要學科者不徒藉知區區故實也愛國之心十之九從此生焉吾所屬之人種吾國與他國之關係吾祖宗固有之疆土固有之權利瞭瞭胸中民

氣自盛西望支那日蹙百里固有權利喪失殆盡其民雖時時排外所在蜂起然但聞以撲滅異教爲詞而曾無一人焉倡言雪割地喪師之辱者蓋由其民大抵目不識丁歷史地理未之前聞知有鄉里身家而不知有國且更不知本國以外之列强形勢果如何耳若歐美各邦則乳臭小兒盡知愛國視國如巳之遊塲不肯任人踐蹈視外國人如路人賓客敬而勿愛不抗不卑敢有無禮於其國者立吐其面視如世仇嗚呼何術以致此亦曰歷史地理童而習之熟知祖國之可愛熟知創國之艱難熟知亡國之可憂而好勝之心充塞於胸中耳

八圖畫科　至精極密之思想言語文字所不能達者圖畫能助之傳其神此圖畫所以可貴也況繪畫者手腕運用自如觀察想像嗜好日益高尙恒有以異於常人故在小學鉛筆畫或毛筆畫在所當習兼學尤佳每種學法皆有意畫（自思自畫）臨畫聽畫（圖人所述）寫生（就實事物描寫）及幾何畫法等之別而幾何畫似宜專用鉛筆意畫臨畫聽畫三者可同時並習寫生及幾何畫法則宜俟工夫稍進後課之

圖畫初教凡紙筆之用法坐立之容勢皆當注意如畫垂線紙在机上必前向畫平

行線紙在机上必右偏所用鉛筆當稍尖鋭等是也初學之時或不用紙而用石盤亦可

意畫者以線角等爲材料鉤心鬬角參互錯縱而畫種種之形之謂也析言之有結合意畫分解意畫二種結合意畫云者或結合諸種之角或結合諸種之三角形四邊形或弧角（即凹凸角）或雜合之而成一新形是也（按此乃圖畫之最淺易者而大可益智與中國之七巧板益智圖等相似）分解意畫則等分（剖分一物使各股大小相若）諸形之邊以之成各種新形較精細尤足試心思之巧拙

學者爲意畫時意人人殊畫自不同教師可取其佳者圖之黑板以示大衆又將各人之畫一一細校評判優劣評判之標準約有四項曰統一謂諸線角等調和均齊而成一體也曰變化謂能於統一中生異趣也曰對當謂大小方向精粗等相對立位置得宜也曰適中謂中規中矩不失比例也四者兼備是爲完善而此外又不無可取可戒之事閲者盡心焉可也

意畫無譜恒取法於天然之物如氷雪水晶木葉等是也臨畫則有帖其教法之次

第必選定畫帖後始可定故先論選帖事帖之可取者約有四端曰畫正而巧曰畫題高尙曰畫意明瞭曰大小適宜

畫帖由簡入繁可隨學者之進步而易惟同時同班所用必當一律以便評閱畫時宜懸帖机前端坐而臨若偏左右則頭目必左右顧容體因之而壞非細事也習字時亦同

畫帖之次第以直曲諸線圖始次列直線曲線所成之單形紋畫及向面畧畫（自正面觀物體之略形也）等各類之中當先其正法後其變法（無規則者）先人工物後天然物故如動物圖等不妨稍置緩圖

畫圖第一要着在察諸角線端等位置相互之距離可先以細點表之以定全體之結搆然后自左側上端起筆至落欵之處原當隨畫定位然恐非小學生所能是以通例每於左端之下部以小楷書之一紙畫畢恒有離畫帖再作同畫者是謂復畫

凡畫之時紙不宜多動移

評畫之巧拙與學者之進步大有關係當平心衡鑒使人畏服評閱臨畫通例以位

置形狀運筆濃淡四者爲標準。然初學之時不得如此求全。先僅批評其位置。繼乃併批其形狀。而后依次論及運筆濃淡可也。

論位置當觀其畫形大小與紙形適宜與否。或過偏於一方不悅人目與否。論運筆。當觀其所畫草屋樹幹等是否縱橫屈曲不落呆相。所畫器具是否中規中矩。一如實物。論濃淡。當觀其色之深淺果相稱與否。此外可評判者尙多。要之賞其所長。糾其所短。爲一定之法耳。比較全班之畫。評定甲乙。或以分等過多。爲不易。則大別爲三等亦可。擇第一等之最良者。與第三等之最拙者。榜示課室。使學者因名互競。各求勝人。

聽畫云者。亦意畫也。特意爲敎者所授耳。敎者唱點。則作點。敎者唱線。則作線。習之既久。日自聰。心自靈。手自能運動自如。

寫生謂就實物描寫。務使濃淡得宜。酷肖本物。

九理科　理科能使人思想事物。不失其眞。且大有關於實業。實諸學科中最要之一也。文明敎育之骨髓。在此而已。古者敎人。雖動言天地。動言萬物。而無格致化學生物學等可憑故立論往往失實今則理科日精在在可加實測謬信破而眞理見矣細別理科有格致化學動物植物鑛物地文生理等各學然在小學未足語此特當就日用淺近之事詳爲講解使明自然之理耳

敎動植鑛三學當依歸納敎授術使散者終歸於衆以便記憶格致化學則宜兼用演繹歸納二術時時試驗就學生所已知者演繹而說明之而一切關涉地文生理之事項爲以上諸科所應用者寧用演繹敎授術此自然之勢也

十幾何初步　幾何學最初最要之理即點線面形體等此皆所謂抽象概念苟不就實物指示兒童不易理會故必就物體熟加實測使悟公理公理既明乃依演繹術敎之解釋問題此學較之他科實少高尚兒童不能爲者蓋多然因其難而捨之又有所不可惟有時時留意專敎實用之定理而舉例取證亦後理論而先實證耳

十一其餘諸科　右所列十科外如外國語唱歌體操手工裁縫農業商業等亦小學所當有事者無論何事大抵由淺入深由偏及全外國語恒由綴字進而聯句體操初學不過運動手足極簡單繼乃發號施令儼然軍隊農業但就理科所學者應

用商業則以應用讀書作文習字算術所得者爲主皆此意也餘可類推

第三篇

論德育

第一節 總論

司馬温公有言德勝才者謂之君子才勝德者謂之小人才德兼備謂之賢無才無德謂之愚才之云者蓋知力技能敏捷巧妙之謂也若恃才傲物誠小人之尤天下何賴有是乎故老子謂智慧出而有大僞欲盡天下之民而愚之夫德者體也才者用也才爲德用乃教育唯一之要旨養德之事前旣畧述今復詳論有事於教育者幸注意焉

譬國家以會社一民即一社員也社員必通力合作而后得各保其生若孑立孤行鮮有不失敗者故一國之中人與人互有關係若居臣若父子若兄弟朋友夫婦莫不有當盡之職能盡焉而相愛相孚斯即所謂德行也誘導兒童使遵奉德行利已利人實教師之職烏得曰乳臭不足語大道如古所云云乎

第二節　論行爲之心理

德以行著行爲實經感情意志二者而生故欲覩德育之效必先發育兒童之感情意志例如渴則不安特感情耳思飲湯水特意志耳意志旣定醫渴之動作始興餘如救災行惠等事亦莫不然乍見孺子將入於井而生惻隱之心者感情耳繼知徒憐不足以爲善而思援手則意志起而從井救人之實事亦見矣故鼓盪行爲之動機不外感情取捨選擇而決行之舍意志亦莫能爲力感情正意志自佳凡所作爲必合於道感情偏則意志自弱凡所作爲亦必背於理薰陶鼓舞使人感情意志兩得其正豈非德育最要之一着乎試述二者之大畧如左

感情第一　自來喜怒哀樂愛惡欲稱七情今所謂感情者即此也人人有感覺能感苦樂與視聽觸味等知力之感覺以俱來後者智識之材料也前者感情之種子也無論如何感情無有不關苦樂故感情二字即視爲感苦樂之心狀之總稱亦無不可例如含哺則嬉枵腹則憂愛好則樂怨憎則痛觀山水花月則心曠神怡見民賊國仇則痛心疾首皆莫知其然而然無關智識惡者亦有此情可知與智識無直接關係然未始不可

化之於無形也。

愛國殉道。忠君孝親。博施濟衆。莫不自感情而來。發揚此類之感情。原大有益於人已。然萬事有利必有弊。感情之不能無弊。亦何待言。專謀自利。不顧他人。治事欠公。愛憎失當。亦未始非感情之常往來於人心者。故甚感情强之人。爲善固勇。爲惡亦易。教者既以發達學者之感情爲已任。不可不愼所取捨。苟背於理。當默化而潛移之。（其法見後）世有恒言曰。以道理制感情。以智力補德性。誠哉是言也。

右所述乃感情之總論。今試更條分縷析而論之。大別感情。可得兩種。耳目鼻口及全身固有之快樂痛苦之感覺。稱肉體感情。感情之簡單者也。如得美色妙聲清香佳味則樂。反之則苦。是已。比年齒稍長。乃別有感情。不起于一身。而起於人已相與之際。是稱情緒。忿怒愛憐是也。是兩種中。前者與人無關。與道德關係亦少。語德育時所當三致意者。特情緒耳。今試即情緒論之。

感情中屬於情緒者。支分派別。殆難殫述。今大別之爲三種。曰私情。（自愛之情）曰交情。曰情操。

一私情　私情者有樂有苦隨一已之利害安否而起驚愕恐怖忿怒疾妬猜忌憎惡好名貪權勢等是已忿怒憎惡猜忌嫉妬等皆有妨羣道因名惡情或曰反情有教育者所當無也藉曰有之必矯正之

二交情　交情所以使人與人親苟無此情天地幾息析言之有尊敬愛情同情等之別一言蔽之即愛人是也愛情乃愛國愛君愛父母兄弟朋友之總稱同情即人憂亦憂人喜亦喜之謂代人喜憂原出於想像而曾身受者此情尤强所謂同病相憐也無愛情無同情必非人心必無益於羣故德育之中交情尚焉

三情操　情操爲感情之最高尚者大抵對無形之事而起其起也必有一定之智識今試舉其要者即好尚之情（如嗜好心美術心等皆是）愛善之情及宗教心等是已好尚之情半出於兒童固有之好奇求知心半起於其所遇事物之風趣高尚優美者好之否則惡之年齒愈長此情愈多古者雅典人思想最高尚恒以善字釋美字善美二字幾相混然今日之教育則於三育之外別立美育一目學校所以課唱歌圖畫者皆爲高人品性使全校清潔工整雅適計也至若宗教心則高尚而非眞

理雖地球萬國之人無分文野均不能出此範圍然在學校則置之不論不議可也

愛善之情半出於良知然必具卓識而后固語德育者於此尤宜注意使此情强固則凡所作爲必合道義即見他人爲善亦且欣欣反是必以爲大戚所謂已飢已溺之盛德有不期然而然者豈特一已受其益天下國家亦受影響於無形也

此上所述雖不甚詳然大要已盡此等感情發育之次第與智識發育之次第畧同自簡單而趨繁重兒童固有之肉體感情最簡最純故發育獨早私情次之情緒情操最繁重又次之修身之教必循此序而私情中所當戒者則捨之可也

意志第二　人旣有苦樂之感情必力求避苦就樂之良策是之謂希望希望大小不一要皆求其所欲此吾人所以孜孜兀兀以終身也希望與其發動之力合稱意志意志決行爲斯見故行爲者實種種苦樂之動機鼓動身體之謂耳冬日移步就爐亦苦寒愛暖而已矣然如此動作單純無比尙不足稱行狀行爲吾人一生更大有事在避將來之蹉躓勉求福利羞蒙不義之名惡作違心之事鷄鳴而起孳孳爲

善凡我學者盡當如是也行爲若此始稱德行德育者此而已

心有望而動焉是爲意志前既言之矣然方其動而見之事實也又得條分縷析而名之如思慮選擇決斷努力自制依信等是已今試擇要畧述之

思慮者當一希望之起不敢遽行而先判其是非利害之謂所謂沈思熟考深慮遠謀是也如此作用與單就學術智識而推理者異其詳見後

選擇者深思熟考之後取一希望而捨其他之謂也今有一人於此頗欲救國捨身垂大名于宇宙又頗欲與世浮沈爲宗族交遊光寵又頗欲折二者之衷逃隱名山避艱險而博高名則三者勢難兼顧有所捨而后有所取明矣然余之論選擇非僅汎汎釋其意義也甚願人挾去惡就善之宗旨以爲擇後節當詳論其標準讀者幸加意焉

思慮選擇原有待于知力然與單由知力而推理斷定自有異同何也如此思慮選擇不徒空言將見之事實名譽利害間不容髮當度德量力旁考形勢以出之安得膠柱刻舟但憑知識乎

決斷云者思慮選擇既定決心行之之謂也若事不易行而堅忍剛毅出死力以行之是謂努力人誠努力天下不可爲之事殆少學者所當知也

自制云者惡意起時痛自抑壓大義當前敏勉從事之謂也人心雖善有時而過不能自制人將制我古今失自由之人何莫非不善自制之人乎小學始教嚴督責不若使自制自制既慣自能愼喜怒節情慾自能爲所當爲戒所當戒他日處世亦定勝人已爲民已亦爲君已亦爲裁判官已亦爲警察吏凡事有害於公益而人將干涉我者我必乘其未發而自滅之我既爲矣則萬不受他人之肘制此之謂從心所欲不踰矩此之謂眞文明之自由而必於學校端其始

依信者有堅持之意如信道信神信人等是已信人信神大抵發自感情而信道則由學問閱歷而來然無論所信爲何無不含有意志意志深遠之人不輕信信則永久不搖意志薄弱者反是依人作嫁易惑易信朝秦暮楚靡有定向直謂之無依信可耳故依信者在智識爲斷定之基礎在意志爲選擇之標準使童兒固信德義道理實學校一大要務也

如上所述意志之作用大畧已盡可知意志者行爲之所出而人之代表也智識感情之價值亦無不因之而確定舍意志而言智情天下寧有是乎人苟懷高尙正實之感情（即希望）固執所信不爲人搖克己制慾遇事必熟考其是非邪正利害得失旣決定斷然行之鼎鑊刀鋸亦不能屈則天下事不足爲矣意志之可貴如此較之智識感情不更與爲人之道有密接之關係乎

第三節　論行爲之善惡

善惡者思慮選擇之標準而信念之所歸也無論何事必先去惡從善而後慮其利害得失若先以利害得失亂其心而後辨別其善惡鮮有不陷於不義者故今先即善惡邪正論之

善善而就之惡惡而避之德育宗旨固當如是然何爲善惡古不一說何去何從正有未易決者彌爾彭僭敏等以實利爲主義恒曰人間所最不可少者幸福故吾人作爲不問爲身爲家爲國爲天下當一以求幸福爲主能進幸福是爲善行反之則惡此說未嘗不是然求樂避苦乃動物公有之天性設果以此別善惡人之所以異

于禽獸者將奚在乎是不能無疑也又一說曰宇宙藉道理而生藉道理而維持不問所爲何事所居何位所當從者道理耳從之爲善否則爲惡從之則吉否則必凶此說也愚謂有至理存焉而徵之事實前說亦不無可取道理幸福關係固至密也合理之行無不利已利人既能利已利人亦無有不合於理唯道理爲達幸福之道途幸福乃合理行爲之結果本末攸分離道理而求幸福決不能得耳故吾得而斷之曰求人已之幸福不出道理之範圍是爲善行專謀自利置道理於不顧則與動物無以異學者思慮決斷時試捫心默問果合理與否則庶幾矣

第四節　論良知

溯善善惡惡之眞源不得不推論夫良知王陽明所謂知善知惡即良知也或就一已之行爲或就他人之行爲或就已去未來之行爲苟有所觸良知必見試舉其例如悔過如趨義輕利如諫人之非皆良知也然良知特感情之一而非意志縱有良知而意志薄弱不能實踐亦屬徒然故良知必與德性合始奏大效德性者言必信行必果誠實懇篤之謂也啓發良心之餘更磨鍊德性非德育之要道乎

就良知與人性之關係自來亦不一說孟子道性善以良知爲天賦荀子主性惡以良知爲人所本無王陽明謂無善無惡心之體有善有惡意之動西儒康德則謂人性本無善惡之可名人固非道德動物道德者特因人生不可缺故勉爲之耳兒童初不知善惡之爲何偶爲焉而受賞罰於父母始知苦樂始知去從比其壯也肉體感情及私情之苦樂外又有所謂高尚之情緒情操以苦樂之故好善彌篤惡惡益甚而良知者即此好惡之念之謂也四子之說如此孰是孰非後之人當自能辨也

第五節　論知德力之關係

知力主知道德主行兩不相混而關係極密實行即智識之用智識即實行之基也王陽明嘗言知之而不能行與未知等誠哉其言之也學校之職不獨在使人知所未知尤貴使人能行所已知故知德互相表裏可並行不可偏廢

力之强弱亦與德行大有關係每爲一事發令者天君從命者必百體也志大言大而力不足以濟之特一虛僞之人耳歷數古今英豪何莫非身體優强精神蓬勃之人彼萎靡不振狀貌如婦人者可決其無能爲也有志之少年可以興矣

第四篇

論養德之方

第一節　總論

德育之旨在啓發良心德性而使之强固副此宗旨厥有二法修身教授及訓練是也凡事必先知而後行使不知善惡爲何物亦何道德之足云故智識者實正邪之方針也修身教授示以英傑之典型告以爲人之要道亦授以方指針而已至若訓練一事則更有不容忽者兒童善效人易感染左右前後皆正人彼即正人右左前後皆小人彼亦小人故教師苟不能修德行仁本身作則則雖日以聖經賢傳敝舌焦唇日討學者而訓之亦未必有毫髮之益訓練之可貴不可見乎餘如教禮儀作法使遵守校規以賞罰整齊之亦訓練中所當有事請遂次詳論之

第二節　總論修身之教自此節至第四節皆論修身之教

修身之教所以啓發學者之智識使之別善惡辨是非立身處世有所遵循質而言之振作良心是已他科所教但啓其知而此則啓知之餘直刺激其感情此其所以

異於他科也。

敎焉而良心得振。不純賴說理透闢。而尤貴舉例得當。初敎之時。當類舉古今人嘉言懿行。使學者概括而論定之。夫學者既能概括論定。則確有心得。可知平日言行亦不難奉爲圭臬矣。

修身之敎。先當使學者知德之類別。次當知其性質。乃徐進而求躬行實踐之法。立論舉例。惟求其是。古今名人。東西鴻哲。皆可效法。而宗教家言。則萬不宜採用。宗教以愚民爲旨。村夫野老。固可藉此以範其心身。若我曹則自有法度。安賴此乎。

第三節　論選擇嘉言懿行事

修身之敎。作浮談。不若舉實例。古今人嘉言懿行。苟可取法。當即舉示。惟敎授時促。恐難博涉。故不得不有事於選擇。今試約略論之。以爲敎師取捨之標準。

第一　格言須擇詞意簡明者舉示。俾學者易解易記。若自西文譯講。尤宜防其支蔓。

第二　格言貴簡明固矣。然但可加意選擇。不可勉强删改。致失言者本意。

第三　所舉格言當隨學者年齒而殊。語幼以精深之理。語長以粗淺之詞。趣味安在。實兩失之。

第四　所舉格言不宜散漫無紀。務令前後連絡。次序井然。使學者得窺道德之全。

選擇格言之法。既略述矣。試更論實例。實例之舉。原欲使學者察其曲以知其全。執其微以會其通也。然同類之事。不妨重疊舉示。僅舉其一。恐難反三。教人者不可不知。

第一　所舉實例。須與前所舉格言符合。

第二　實例當擇明瞭多趣。足以動人感情者舉之。惟可畏可惡可悲太甚之事。則可置不問。恐其助長惡意也。

第三　實例亦與格言同。當視學者年齡而分深淺。年幼學生。最妙告以聖賢豪傑幼時之事。使知嘉言懿行。幼時亦不容辭。

第四　實例當舉其可法者。若可戒之事。但可用以襯託。不宜據實以告。蓋縷述惡事之行跡。恐勸善適以導惡也。

第六　所學實例不必以文人武士政治家等爲限無論何等之人苟可法即可學當今之世尤宜多舉農工商家富國利民等事以防學者不顧實事遁入虛無

第四節　論教授之法

修身之教其方法次第與他科略同初教宜用歸納術稍進則宜用演繹術今試就教授時所當注意者略述之

第一　修身之教能動人感情與否全視教者講演之巧拙

第二　實例舉畢令學者概括時當巧爲問答啓發其良知使評斷得當

第三　講格言時當與實例前後呼應否則徒勞少功

第四　講格言一則畢或再舉示須與前者稍有關係以便記憶或令學者仿前所聞自舉一例亦可

第五　實踐乃德育要旨教者隨時默察學者行止設與所學背馳當苦勸之

第六　學校中諸生相處或行已有方足爲同學之楷模或不謹細行致害公衆之安寧者往往有之教師能近取譬勸勉學者實最有益惟事涉曖昧則當隱犯者

之名。

第七 他科所學足補助本科者當採拾而活用之如歷史唱歌等是也。

第五節 總論訓練（自此節至第十四節皆論訓練）

修身之敎既使人知道德之大要而發揚其天良斯亦美矣然而知者客也行乃主也知而不行將何用乎訓練云者亦使學者行所已知而已訓練之法不出兩途曰敎師本身作則感化學者曰學者確守敎條勉爲正人今試就二者詳述之

第六節 總論敎師之感化（自此節至第九節當作一事觀）

兒童動輒效人臨事恒不判別其是非而惟父兄師友之是從敎師以敎爲職尤爲兒童所信服此行彼效捷於影響師苟不德何有於弟故感化之事廢則所謂敎授不過空談所謂訓練亦具文而已敎師在校所尤當謹者行與言必相顧言苟不信縱能使人畏必不能使人服時或自慚德薄不足表率則庸者將流于優柔黠者且習爲暴勵學者蒙其害學校之名亦汚矣

第七節 論敎師當備之諸德

教師當備之諸德以誠實親愛公平忍耐決斷等爲最要親愛之心所以使學者悅服學者悅服然后惟我是從而一切爲師之職可見實行實諸德中要之要者也但親愛太過易受狎侮是亦不可不防耳

學生最信師言師言萬不得有一毫虛妄使我言虛而學者信我是學者以君子待我而我以小人自待也況兒童亦未必長此易欺久之自能會悟會悟之後賢者將鄙我而不肖者且將學我貽害眞無窮矣出言必信萬事皆然而人尤易犯者莫如違約延期一事故教師設與學者有約無論事之鉅細當如約實行非然者他日習慣自然勢必視天下事盡如兒戲也

公平二字尤教師所不可頃刻忘者賞罰稍偏物議隨騰他事即不可爲矣而管理女生尤當平心使袒護所愛而苛待其餘尙成何體統乎

一校學生長幼賢愚區以別矣幼而愚者自不能如他人之敏捷即反覆教誨之勞亦教師所不得辭此忍耐之所以可貴也若學者稍鈍即不屑教誨或誨焉而易倦亦何賴有師乎

教師當慎言而敏事未言之先不妨三思既言之後即貴力行若反覆無恒優柔不斷則必滋學者之惑而開其疑我之漸故諸德之中以斷行終焉

第八節　論教師之行爲

行爲云者合動作容儀品行習慣等而言皆教師德性氣質之外顯者也誠於中必形於外可不慎歟

動作與言語均貴活潑在教室內尤要教師苟與高采烈學者自學而不厭反之則未有不倦奄奄欲睡然活潑過甚易流輕佻當知事貴得中過善即惡也

容儀云者舉動衣服言語等均有法度之謂也衣服整潔舉止靜肅言語高雅皆爲人師者所當然然過尙虛飾或峻嚴太甚亦無足取幼童膽怯非以溫顏和言接之不可也

教師之習慣類別甚多皆學者所易染不可不慎今試就其最重大者略述之夫羣居之地清潔最重而最難大有關于衛生教師當勉爲其難以督責諸生又凡事當有條理不可紊亂即如室內什器之位置机上陳列之文具亦宜整齊所謂守秩序

之習慣也。而其尤要者則爲確依定時一事。何時當爲無有不爲。何時當止亦無有不止。則雖勞而不慌。若後時到館或任意增減時刻則大非所宜。所當深戒者也。此外如中心不適遷怒於人等事尤易犯。所當痛戒。又原非擅長之事亦不宜假飾以欺學生。若爲覷破必爲所賤也。

第九節　論教師之言語

言語爲心性之代表。古人謂爲德音。其要可知。使言而粗野。其人亦粗野無疑。爲人師者可不愼乎。且教育一事非言不濟。故教師之言語與動作無異。必典高采烈。而后娓娓動聽。然曉曉多辯。亦所不必。試就言詞之語氣略述之。

第一　教授時苟欲促人感動。言語務求巧妙。而在修身之教爲最要。

第二　平常言語貴溫柔。若濫用呵責之語氣。則誠呵責時將無所施其技。

第三　談及他人之事。稱謂務得其當。不得猥以綽號等稱人。使學者流於輕薄。

第四　好滑稽。必失威重。

第五　妄嘲笑學者。不徒招怨已也。幼童大抵膽怯。過傷其心。必塞其智。

兒童不能終日在學校故與家庭鄉里之習俗亦大有關係習俗而善固足補學校之不逮反是亦足爲學校之大敵故教師教導兒童之餘復宜感化其鄉里前既言之矣或擇佳書勸閱或開教育會以勸誘學者之父兄良法甚多相機行之可也

第十節　總論規律之習慣（自此節至十四節當作一事觀）

規律之習慣云者謂設定規以律學生正其禮儀制其過行使習慣自然成善人君子也修身教授及教師之感化並此爲三欲收德育之要缺一不可

既知當行前屢論之矣然事未習慣甚難實行勉强行焉反覺可苦故修身之教以練習爲第一要義習之既熟不令而行且多趣味世人所以謂習慣爲第二天性也而規律實爲養此習慣之要具其要可知矣

第十一節　論規則

羣居之地必有規則不獨學校然也天下國家軍隊商團無不待此而後成就各人而論容有不便然不可不遵否則羣之渙散可立而待矣教師本身作則與學者共守校規無稍違犯俾學者習慣自然他日立身處世亦能勉遵公理利已利人實投

中最要最可喜之事可不勉乎。惟學校規則。以培養學者德性爲主。與刑法等大異其趣。刑法等依條文處辨。但能懲惡于已然。學校規則以至誠行之。恒能遏過于未萌。使不幸其惡已彰。敎師當兼任其過。而必不作威福苛待學者。蓋國法意在懲惡。而校規旨在勸善也。苟不辨此。管學未有能得宜者。

校規之文。當簡易明瞭。使學者易解易行。過苛難行之事。不得列入。或過于弛緩。亦非所宜。常規之外。設有應令學生行者。可隨時揭示。或於教授修身時明講之。

第十二節　論校內禮儀

管理學生。以使之肅靜爲第一要義。苟不肅靜。無事可爲。校內一切禮儀。即因此而設。然專尚浮文。實無大益也。苟敎授有方。能使學者精神畢集於我。則雖欲喧鬧。亦將無暇。安有不肅靜者乎。惟兒童精力至弱。愈注意愈易厭倦。敎師講演雖多趣。亦不得使久聽勿息。必也何時作事。何時游散。設有定程。使勞而不苦。心意常適。則凡所作爲。自無凌亂無法之弊矣。

校內一切舉動。不可不有定程者。如出入教室。必作隊伍。去就坐席。必待命令受業時欲發言必先舉手請命于先生坐立身必直不得妄出入教室等其尤要者也此外如教授修身時亦可隨時指示禮法務使學者一動一舉活潑而不傷雅自由自在而無妨于人

第十三節　論學生之性情有可利用者

感情貴行爲之動機教師苟因學生之感情而利導之恒得左右其行爲故平日當默察各生之特性因材器使使之肅靜使之勤奮以成訓練之功今試揭其性情之一二以爲例

一模倣性　兒童動輙效人不能自主前已言之矣不獨倣教師也同儕之中亦互相模倣故諸生中苟有爲非禮之言動者必矯正之否則其影響必延及他人

二活動性　兒童天性活潑活力盈於內必形於外斷難袖手無爲故欲其肅靜而禁其動作是謂違天有識者知此故非徒不禁且利用之使之洒掃使之灌漑其性得遂而於事有益豈非一舉而得兩乎至無事可爲時則宜與之閑談談時令衆靜聽談畢任指一二人問之旣可益智復可肅靜亦最善之策也

三驚新求知之情　兒童少閱歷每事必驚奇而時發「何故」「何也」等之問故教師談講貴巧妙貴變化先使聞者驚奇使之不得不問而後以新智識授之是猶先使人引頸垂涎而進以食也其甘芳逾恒可知也

四爭勝之情　此情兒童最富羣居之際凡事必求與人等或且高出乎人上抱此情以爲學其益不淺惟競爭太烈或不暇自修而惟以壓倒他人爲務則易流於陰根故教者亦不宜過獎競爭

五好名之情　兒童最喜受父兄教師之讚賞教師苟賞所當賞實足使日進千里惟不宜賞所不必賞或賞非其時耳又賞讚宜與兒童年齡性質相適否則少效不可不知

六恐怖之情　兒童有過教師呵責使之恐怖原應有之事但恐怖之情在兒童異常激烈過傷其心必萎縮其精神而妨其發育故惟可於不得已之時用之濫用必非良師

呵責過酷致成忿怒或因一事無禮竟長惡其人皆無謂之事也夫師之於弟何

呵責之有所謂呵責者特推誠布公以說諭而詞氣稍莊耳故善教人者責罰之事恒於私室行之不令人聞以招輕侮惟過重要之事以懲一警百爲旨者乃于稠衆中戒之

第十四節　論賞罰

盡用以上諸法而學生猶有犯規者斯不得不處罰而品學兼優出類拔萃者亦不得不賞賞罰之事雖小而其用實大行之不可不慎偶失其平則流弊不可勝言矣褒賞之眞旨不在與學者以利益而在紀念其善行故最宜隨時隨事酌備物品以給之所費雖廉不可妄賞與其賞天資優異之人寧賞爲學勤苦之人與其賞僅一班中最優異之二三人寧稍從寬而推及其稍次者此一定之理也

從事教育者原當默化潛移防人之惡於未萌不能防而出於罰則教師德薄管理失宜不問可知實最不幸之事也罰之種類不一而足而尤野蠻者爲撲作教刑一語夫人非飛走下生之比何必鞭撻而後畏特使之自知羞惡足矣以衛生論之體罰既在所當戒況小學令中亦懸爲厲禁者乎然則罰之將何如曰不貴過苛而貴

能對病發樂故意遲到者亦遲其散學之時受業懶惰者則短其遊散之刻如是而已苟於此者非吾所敢知也

罰過殘酷其效轉少故行罰最當鄭重今不憚煩試更詳之夫罰以使人畏服爲宗旨故必先告以理由不得命他生代罰不得轉囑其家庭罰之亦不得輕信他生告發致傷同學之情按其年齡天性實所難能之事不得苛求事有自然之因果見於前必復見於後者一罰不得再罰罰當按學者之性質以爲加減始必輕輕而無效然後重之可也

第五篇

論體育兼論學校衛生事宜

第一節　總論

身體者精神所寓有身體斯有精神古英傑精誠貫日豪氣逼人何莫非軀體優强之故而愚者不察專以囚首喪面三年不窺園等爲名人佳話幸學者勿爲所感也

夫盛德大智非力莫行躬行實踐爲學所貴躬年兀兀老死牖下德固進業固修矣

於事實何補乎。朝而受業夕而講貫。一日之中兼習諸科。其勞如何。無策以救之。必至心力衰而身體髓弱。體育者救此弊之良策也。文明諸國重視有加。以視智德。初無少異。非然者。教育眞旨已失矣。

養生之道。莫要於起居飲食得其宜。而此等事惟有人各自愛。教師愛護。雖至頗難越俎代課。所可代爲盡力者。惟體操課程校舍建築及一切衛生事宜耳。今試就此略述之。

第二節　論體操

體操大別有二種。跳躍奔走。任自爲之。如散步遊戲等是已。中規中矩。待令而動。如兵式體操等是已。其法雖殊。其用則一。其旨皆在促人身之組織。新陳代謝。日進於强。方人從事他課。運用心意。其血液腦髓。恒鬱聚不散。滋養身體之物。涸而腦亦隨蒙其害。惟體操能使血液流散于全體。救此大厄。故體操苟不編入日課。一日之內已多危險。日後積重難返。更不待言矣。

第二種體操爲有規律之運動。不徒使身體各部之發育平等均齊。且能鍛鍊少年氣質。使習爲守法奉公。故教操之際。容體必端正。舉動必活潑。規律必嚴肅。號令必正明。二事不容假借。務使大衆一律。有如一人。惟童子無恒。操時不宜過久。又學生有病或氣候炎熱時。亦宜審愼行之。否則求益恐反得害也。

食物貴多寡遲速得其宜。烟酒有害當戒。衣服居室當清潔。日中休息夜中睡眠貴有定時。教師當教授理科及修身科時。必詳告學生督之實行。又定課程表時。宜參酌學科難易。定其先後。事雖甚小。所關頗鉅。執事者不可不知。

第三節　論校舍

校舍必高雅。必適於衛生。建築之責。雖不在教師。然亦不可不知。一或不愼。不便良多。今試就位置建築放水採光換氣溫度運動場等略述之。

一位置及建築　學校位置宜在市町村之中央。使四方來者道里適均。相地之時。宜專注意於衛生。土地高燥。空氣流通。溝渠濬達。缺一不可。若卑濕汚穢。土中又有腐敗物質。則將發毒氣。上汚空氣。下汚河流。受害不可勝言矣。

建築方向與採光及溫度有關。不可妄定。或東西長而面南。或南北長而面東。惟此二法。西北若負山林。冬日可避寒風。建築法則隨地而異。若地形寬廣。可建高大平屋。不得已即建樓。使年長學級樓居亦可。

建築以堅牢爲旨。顧亦不可違人所好。結構勻稱。修飾溫雅。雖曰小事。實與德育有關。惟過尙奢華。亦不可耳。

二　校舍之區劃　校舍必備敎室敎員室書籍器械室校僕室學生休憩所膳堂等。而書籍器械室。得與敎員室通用。學生休憩所。亦得與敎室通用。各室當位置得宜。以便交通。若有樓屋。樓梯宜別爲二。男女各由一梯上下。

敎室大小。當視人數多寡而定。惟一師一室。所可敎者。大抵七八十人。故敎室之大。亦得約畧定之。每人應占地五平方尺或六平方尺。其形可作長方。其高必在九尺以上。室內之窗。尤與採光換氣有關。最當注意。其位置宜離地三尺五寸以上。兩窗並立。左右開展。不若兩窗相疊。上下推移。窗之數雖難懸定。大抵必與全壁面積三分之一相當。

吾人呼吸一分鐘約十六七回每回吸空氣約十七立方寸有奇統計一晝夜所吸當在六十六石零八升以上既吸而吐出者恒變爲炭養氣等混入室內清氣故空氣流通之法不可不講否則此等毒氣必釀大害更易致頭痛之病室內多窗時時開展即流入新鮮空氣之一法也

教室內之温度亦與衞生有關此冬日所以有煖室法也煖室之具以壁爐（洋室築火爐于牆脚藏煙突于牆內故譯此名）爲最宜惟必置水器於室內以防空氣太燥又必備寒暑表不得令過華氏表五六十度以上

採光不得宜易成近視之病故机席之方向當慎定之西來光線過強北來者又太弱皆不利於目惟東向南向適於採光若窗過廣大宜糊白紙于玻璃或用窗簾白壁反射之光強故光明之室宜塗淡鼠色淡青色等學生憑机時光線宜自左來右來則舉手有影習字畫圖殊不便自前來更有大害不可不知

數室並立其壁須能移動遇有大會如卒業式等可去壁而爲一大講堂使諸生畢集一切儀式宜稍鄭重尤貴清潔整飭略加修飾

教員室或校長室等須與學生休憩所接近以便監督食堂椅桌須排列整齊時時灑掃以防臭氣。便所最與衛生有關不可不特加之意其位置必在校舍之後四圍宜多植綠樹。尤宜開一小井以便時時取水灑掃。操塲爲教操之地而平時一切遊步運動皆在於此。一校之中學生所最愛者此區區數丈地耳貴廣濶而乾燥布以砂礫以防雨雪傷損其周園可幷設小植物園農業試作地等不徒增兒童之娛樂且大有補於理科之學而遊戲之具亦以多備爲宜。

第四節　論教室內應備之物

教室內必備之物即黑板椅桌等是也此等事雖至微然自與學生體格爲比例故大小廣狹悉有定程黑板須大而平以檜或杉爲之塗以松烟或欲其澁即以五倍子之汁與綠礬等幷塗之色必純黑否則不利於目。粉筆最妙用有色者可以白粉筆浸於色水中待其乾而用之此外黑板附屬物亦當製備。如學生寫板時所需之踏臺。敎師指敎時所需之細棒是也。每一椅桌坐一人最宜。二人次之。三人以上同坐則大非所宜。椅背之高須得兒背之中。桌面廣狹亦須得宜。其下作抽斗。以便置文具。其高則宜視兒童之年齡定之。今列一表如左。

	尋常小學校				高等小學校			
	一年生	二年生	三年生	四年生	一年生	二年生	三年生	四年生
机	一尺五寸		一尺六寸五分		一尺八寸		一尺九寸五分	
椅	八寸四分		九寸二分		一尺		一尺〇八分	

敎室內敎師所立之處。必設敎壇。以便居高臨下。監視學生。此外不急之物。則不宜多備。恐亂兒童之目也。

第六篇

論管學事宜

學校職員整理學校之法。通稱學校管理法。大別之有兩事。曰組織學校。曰訓練學者訓練之事前既略述今請專言學校之組織組織之要旨不外使學校便於教授訓練故學校一切事宜以此啓其端擇要舉之即定校舍教室等位置編制學級備置書籍教具及監督學校衛生體育等是也容後逐條分論之

第一節　述初等學校之種類

歐西當第十六世紀宗教改革之前無所謂溥通教育以初等教育爲國民必受之學實近世之事也日本之有普通教育制度亦自明治五年（中國同治十一年）始自此以還小學教育爲國民少時所必受小學校日增月盛公布教育令小學校令者數次改廢初等學校之種類亦數次今不詳述唯據現行小學校令舉其種類如左

小學校令第一條曰小學校本旨在留意兒童身體之發達爲道德教育國民教育之基礎幷授以立身處世所必需之智識技能今分類如左

一公立小學校　此由市町村或町村學校組合（組合猶言會也）以公費立之都爲五種如左

尋常小學校

高等小學校

尋常高等小學校

徒弟學校

實業補習學校

五種中惟尋常小學校各市町村必設之。

二私立小學校　此由一人或若干人以私費設立。種類同上。

第二節　述學校教科目

學校教科目最簡略。亦當有修身讀書作文習字算術五科。日本小學科目。自學制公布以來。屢有變遷。據現今小學令所定。約可分爲五種如左。

一正教科目　尋常小學校之正教科目爲修身讀書作文習字算術體操。高等小學校之正教科目爲修身讀書作文習字算術本國地理本國歷史外國地理理科圖畫唱歌體操裁縫。（裁縫惟女生學之）

二可加除之教科目　尋常小學校依土地之情況。得自正教科中除體操。又得加本國地理本國歷史圖畫唱歌手工及裁縫等一二科高等小學校依土地之情況得除外國地理唱歌一科或二科又得加幾何初步外國語農業商業手工等一二科

凡增減科目公立學校必請命於市參事會或町村長私立學校必請命於校主得許乃可

三隨意科目　尋常小學校教科目中之體操本國地理本國歷史圖畫唱歌手工裁縫高等小學校科目中之外國地理唱歌幾何初步外國語農業商業手工皆爲隨意科目惟教授與否亦當請命於町村長等如前例

又唱歌體操等校長若以兒童之身體爲不宜學皆可不課

四補習科教科目　尋常小學校高等小學校及高等尋常小學校得兼設補習科或設或廢當請命如前例尋常小學補習科目爲修身讀書作文習字算術又得加本國地理本國歷史理科圖畫手工裁縫等一二科高等小學補習科目爲修身讀書作文習字算術裁縫又得於本地國地理本國歷史理科圖畫外國地理

幾何初步外國語農業商業手工諸科中任擇一科或若干科加之但無論尋常高等除修身一科外習與不習皆可隨意惟亦當請命如前例

五高等小學校專修科　高等小學校依土地之情況得於農商工諸科中任擇一科或若干科爲專修科以代正教科或與正教科並習當請命如前例

第三節　述教授之編制

歐西在十七世紀前無有分班定額以教師一人教數十學生者日本亦然明治初年尚仍古制劃然分班並教並學特十數年以來事耳就師弟之間定授業制度通稱教授之編制往者恆一校一師獨任迄今屢有變遷試歷舉之如左

一一人教授編制　此乃最初自然之法一師獨教適如今日父教其子職工教其徒富家之延師於家教其子弟既成一學校則無有用此法者因一師數生寥寥獨處無共苦樂之朋友無比較無競爭勢必奄奄一息日就萎靡也

二無級教授編制（一名單級教授編制）一人教授之制稍進則有全校生徒同時並教之法但不依學年（學校年升一級稱一年爲一學年）分學級故稱無級教授若欲强以學級

名之則全校不啻一級。故又曰單級。中古耶蘇教會之初等學校。始用此制。今日德國等尙沿用之村落之學校。大抵如是云。惟英美則此制廢去已久。今日學校無不依年分班。日本學制。原本英美。三四年前已無用單級教授之意。惟明治二十三年（中國光緒十八年）小學校令發布以來。困於經費。亦有採德國單級教授之制者。說者謂與其廣招庸師。寧用良師一人。任專而人習。亦有益焉。

此制原不分級。全校生徒畢集一室。一師同時教之。所謂單級者。特對多級學校而稱耳。與以一學年爲一學級。於一年學之末。（每年九月爲學年之始。翌年七月爲一學年之終）依攷試定昇降者大異。惟日本則變通其制。亦每歲攷試以察勤惰。

單級之制。學者有共苦樂之朋友。有競爭。有觀感。以視一人教授。過之遠矣。但學者年齡學業資性。互有異同。教授異常艱難。學生數逾六七十。雖老於授業者。亦無能爲役。故今日德國亦稍變此制。按學力年齡。分爲數部。特不依學年而分耳。日本更變其制。從來分級成例。以一學年學生爲一部。便利實多。例如尋常小學。四年畢業。即分爲四部是也。

教授單級生徒最宜各部同時同教一科而有時亦可異時分教當視學科種類臨機酌定教師當盡力教授一部時可使他部温習舊課温習時德國往往從學生中輪值一二人爲監督日本則有所謂準教師者襄理此事故單級教授大略與從來所謂合級教授相類其所異者特在全部畢集一教室且大抵全部同時同授一學科耳

據現行文部省令學級之編制大略如下以全校兒童爲一學級者稱單級斟酌學力年齡而編成一學級以上者稱多級單級多級各有定程惟私立學校得任意變通而一學級必不得逾百人

甲單級　尋常小學校如全校兒童不逾七十皆爲單級但過七十而未逾百亦得爲單級高等小學校人不逾六十皆爲單級但逾六十而不出八十亦得爲單級

乙多級　尋常小學校如全校兒童在七十以上百四十人以下當分二學級若逾百四十則平均分之每級以五十人至七十人爲度必不得過百人

高等小學校如全校兒童在六十以上百二十人以下當分二級過百二十則平

均分之每學級以四十人至六十人爲度必不得過八十人第三學年以上如同學年女兒之數足編一學級時可別編一級私立學校亦然如因事不能如例當請命於本市町村知事據右規例雖曰多級不必定依學年分編往往有學校四年畢業而但設二學級者即以二學年爲一學級也

據現行之制度單級多級教員配置之例如左不問尋常高等公立私立皆當一律若難遵照時必請命於知事

甲單級　尋常小學校如全校兒童不逾七十可置本科正教員一人逾七十時則加本科准教員（助教者也）一人高等小學如全校兒童不逾六十可置本科正教員一人逾六十時亦加本科准教員一人若不能置准教員時則請命於知事等分全校兒童爲二部分時而教或各三小時或年長部教四小時年少部教二小時亦可

此外宜酌聘專科教員正教員但限定某教科目教一學級或一部可也

乙多級　尋常小學校若一級學生數不逾七十可置本科正教員一人逾七十時則加本科准教員一人高等小學校若一級學生不逾六十可置本科正教員一人逾六十時亦加本科准教員一人

尋常小學校生數在百人以下百四十人以下高等小學校生在八十人以上百二十以下分爲二學級時若不能置本科正教員二人或教室無多不能同時容全校兒童時可分爲二部異時而教

此外亦宜酌聘專科教員而正教員得限定某教科目教授一學級或若干學級隨教科目之種類一本科正教員得合數學級同時教授之

有三學級以上之學校可置學校長但通例每以本科正訓導兼任

三相互教授編制　在昔印度教師恒先擇年長學優者教授畢即使轉教他生而自爲其監督是謂相互教授二百餘年前德儒杜落屹潭曾採此法而在法國亦頗盛行當十九世紀之初英國教育家潘爾寓印度之拿獨拉司特因乏教師亦嘗倣士人之教育法而用此制故又稱拿獨拉司編制同時英國又有藍克司泰

者因經費支絀亦在倫敦師杜氏法施教育大爲世人所稱道焉

就此編制議論甚多然之者曰教師缺乏而教育得不停滯此制之功實大況教人者必求已之智識日進而且確是大衆旣普霑其利而優者且日趨於優也利孰甚焉否之者曰教人貴以尺對寸使同輩互教是以寸應寸也不徒少益而有大害况年長之生以一日之長抗顏爲人師難保不傲慢不遜經費難節得不償失也以余觀之後說不爲無見此法外觀雖美實則同輩不能互相信服乃人情之常萬不得已之時不妨偶一用之濫用殊不必也

四學年分級之編制　今日所謂多級者依學生人數而分級之謂也一學級不必即一學年有合二學年之學生而爲一學級者亦有合三學年之學生而爲一學級者據現行之法規四年畢業之學校尋常小學必有二百人高等小學必有百六十人以上始設四學級可知每學年一學級之例必如是而後行也

至若學年分級則不以學生之數爲根據而一依學年以分一學年學生不問多寡必獨爲一學級而教之苟求其故前已略述即因不問兒童長幼賢愚同時並

教得益必甚微故耳是以欲教育之有效必擇學者年齡資性無甚懸殊者乃編爲一級使同室受業勉强合併斷非所宜日本向以六月爲一學級教畢之期明治十八年（光緒十一年）以來乃以一年爲一學年附誌於此備參攷也

編制如此則定正教員之數不必問全校兒童果有若干而必令其與學年學級之數等就經費言之容有不便然在兒童稍多之校則據此編制實最宜也何也學生學力既等一師於同時同室雖教兒童百人不妨也

學校經費恒視學生多寡而定使學生甚少勢不能分級聘師而必以一師兼教二三學級即所謂合級教授是也當此之時若數級得並處一堂則又與今日所謂單級多級之編制相似單級多級之編制云者即以一教室爲一學級而以原有各學級併成之也

合級教授之名現行法規中無之其實與所謂多級者略同例如四年畢業之學校依學年分級之制應分四學級而今但有教師二人則合級之法如左

一第一學年級學生（即第一年初進學之學生也）多而他級甚少時則老於授業之教師（非定須老

于教授但必擇二人中之優者當教第一年級餘級可合而使他師教之因第一學年爲各年之基礎最鄭重也

二各學級學生非常參差時第一年級可與第四年級合以老於授業者爲之師而餘級則合令他師教之因第四年級教科目程度稍高亦有待於良師也

三間亦有以一年級二年級相倂令老於授業者教之以三年級四年級合而使他師教之者蓋取其學力年齡較相近也良法原無一定所貴相機行之惟初年之生必使受教於較優之師乃不刊之說耳

一學級內學生坐次嚮例優等者近教師而餘生順次坐其後今則反是因幼而愚者坐近教師必稍注意也

第四節　言教師分任事

高等小學校間有一師不專任一學級全科而以若干人分任之者然在小學殊非良法故現行定例一學級之全教科目必由正教員一人擔任唯外國語體操唱歌手工農業商業等數科得使專科教員任之蓋因一人專任全科必能斟酌盡善使

各科目連絡調和也又教授訓練感化等出自一人必有一定不變之宗旨也

正教員與准教員之區別有不可不判然者准教員之資格未足獨立擔任一學級特可襄助正教員而教授耳

第五節　定時刻

今日尋常小學校修業年限大抵三年或四年高等小學校自二年以至四年不等而置設補修科時則無論尋常高等皆在三年以內定此年限公立學校須由市町村請命于知事私立者則由校主請之補習科年限則不請命於知事而請命於市參事會成市町村長

每星期教授時刻尋常小學校通例在十八小時以上三十小時以下高等小學校二十四小時以上三十六小時以下補習科則四小時以上十八小時以下

各教科目每星期教若干小時當列爲一表榜示通堂俾教者學者均得及時豫備既定之後不宜妄改定之之時有當注意者數事今列如左遵是道也兒童心力舒暢勞逸得宜可立而俟也

一最勞心力之學科在日課中當最先教因學者初用心氣時最活潑故也如修身一科雖不甚勞知力然大足動心情亦先教爲宜

二唱歌體操等不甚難之事雖無論何時可行然當介於難學之課之間以合勞逸輪換之理但行之於食物前後則與生理有妨又體操在盛夏最宜於淸晨行之

三如圖畫習字等手指運動貴精密者不可於體操後爲之

四相類之學科不宜接續而教否則學者易生厭倦

五二學科性質不同互有妨害者不可同時並室而教如一室方教算術隣室決不得教唱歌等是也

六如唱歌體操習字圖畫等以熟練爲尙者時限雖不妨稍短宜日日課之

七每小時通例但教四十五分鐘如第一年生年齒過幼則但教四十分鐘亦可

第六節　述教授細目

小學校應教各科目之程度略見教則大綱既曰大綱其不甚詳密可知故如教授之事項教授之順序及教法問答法等不得不別定細目不知細目者教授不能周

詳也。例如一星期應講書若干。一小時應指示幾事。皆須豫有成見。否則茫然展卷。或時過而課尚未畢。或課畢而時猶有餘。甚可笑也。

此外宜製一書。名曰來復教授記。將每星期教授之結果。詳悉記入。憑此可察教授細目之適否。以便更正。教員交迭之時。新教員又可憑此續教。不至束手。誠良法也。

教授細目既定。教科書苟與此細目順序等不相似者。不宜採用。然必求教授細目教科用書二者適相符合。實無是理。故教科書但採用而不必逐字教授。精心增損之。求合於教授細目可也。

第七節　言設備教具圖書事

教具。謂授業時需用之標品器械。圖書。謂教科書參考書掛圖等。二者皆學校必備之物。其美惡善否。與教育成效大有關係。故教師當注意而設備之。今擇日常所需用者。分為書籍掛圖標本機械四種。約略論之。

一書籍　書籍。凡教科用書及各種參考書等。悉當購備。不厭其多。教科用書。宜擇文部大臣所檢定。經小學校圖書審查委員審查者購之。

二掛圖　前言各學初教貴實驗實物夫實物甚多區區小學校焉能應有盡有故各種掛圖尙焉圖之善者鮮明活潑固不啻實物也今舉其要者如修身科用掛圖讀書科用掛圖地理科用掛圖歷史科用掛圖理科用掛圖算術用掛圖等是已

修身之教講演古今人嘉言懿行外宜幷示圖畫其益甚多讀書科用掛圖就書中記述之事項擇要大書懸之座右可助記憶地理科用掛圖以地圖爲主地圖有鄕土地圖地形圖（示港灣山川等土地之形狀者）暗射地圖（圖中不明載地名惟畫其輪廓而以符號標識教師指其符號以教學生明日還問之可以助記憶）通常地圖高低地圖等外此如郵政電信鐵道等之線路圖道路航路之圖行政及軍事上諸區劃圖地文學用之地圖地球諸帶之山野風景圖等備之亦甚有益歷史科用掛圖以沿革地圖戰圖古代遺物風俗圖等爲最要理科圖則以動植物生理等爲最要如筋肉骨髓等難得實物者及花實葉根等之放大圖等是已算術則略備諸種九九圖及數之分解圖等可也

三標本　標本即實物或模形之謂教師當留意採集之其最要者爲庶物標本動

植物礦物標本主要物產標品木材標本等庶物標本即日用普通食物織物皮革紙類鑛物金屬製品動物木材植物色料及一切雜品之總稱無論授何業時應示即示之教者學者心力兼省誠可喜也

動植物礦物標本教授時尤不可不用而以土地固有之物爲最要教師當命學生等隨時蒐集小而易腐者蓄酒精瓶中大動物則剝製而保存之植物植於庭園或乾而藏之教授鑛物則必備結晶之模形

物產標品謂庶物標本外所有之著名綢布陶器漆器水產農產物紙類皆教授地理科商業科等時必用之物也而木材標本在手工科亦不可缺

四機械　機械爲實驗學科所必需最要者即理科中一切格致化學試驗器是也然價昂異常小學校恐難盡備教師可手製者當自製之餘如體操器械地理科用具算術用具農業用具手工器具亦當購備地理科用具以地球儀及說明四季晝夜之機械等爲最要算術用具則有大算盤（此盤甚大懸諸壁間算珠亦能上下自如故教師每用之）計數器分數說明器等農業用具手工用具但當備普通器具不必過求精美而樂

器幻燈（華人俗譯爲映戲繪畫于玻璃片置燈內即映于壁用法一如中國所謂西洋鏡而靈活新奇過之畫片種類甚多或圖史事或圖時事或圖各國風景或圖教育軍政等事小學校必備之物也在東探辨價亦甚廉四五金一具已可用矣）等亦不可不備

第八節　論攷試

學校之有攷試意在察學者平日之勤惰而定後此之昇降此外別無深意而世人恒賭博視之以攷試之日爲學者比武之日故學者往往安肆于平日而攷試期近則不問晝夜伏案溫習機械變詐以求勝人此實于進德衛生二事大有妨也識者憂之故評定優劣之時不第較一日之短長而必倂計日課積分日課積分者教師平日品評學者之心得也如此則平日好學者試時雖坦然行之不用機巧自能勝人而臨事抱佛脚者必無僥倖矣

一攷察之法　攷察之法各科各異如修身科以實踐爲宗旨萬不得僅憑課卷論其優劣而必兼攷其平日之行狀故學校往往有於各學科外別立品行一項多少其分數以資激勸者讀書科當面試講讀作文習字圖畫唱歌體操裁縫農業手工等皆屬技藝可參用筆答口答二法使實演之餘科則不論筆答口答均可

惟衆人同時受試不可不以筆答耳今就筆答略論一二命題時幸注意焉

甲無論何科命題當遺其細而取其大惟有關實用之事雖非書中大綱亦當問之

乙一時强記轉瞬必忘之事不必以之命題如年月日數目等是也

丙不必但據已教授之正文命題參用書中附載之問題亦可

丁一切問題文字文意須極顯明舞文弄墨刻意摹倣古之策問學者必至誤解所不貴也

二衡鑒之法　衡鑒之法以分數計每一學科對悉稱題者作一百分若有瑕疵以次遞減六十分以上皆爲及第此通例也惟學科互異評法似難一律自一分以至百分階級過多雖精心衡鑒恐難確當故不如以十分起算而大別爲上中下三等又等各三分而成九等之爲便至若及第落第固可於此時定之然非惟此時可定也德國某邑創一衡鑒之法如左愚謂可採用焉

上上	甲
中上	乙
下上	丙
上中	丁
中中	戊
下中	巳
上下	庚
中下	辛
下下	壬
不列等	癸

使之落第欲有益於其人也倘學力不能追隨同級諸人不徒無益於已亦且有妨於人教師隨時默察降之可也烏得因循姑息待一學年末取決于攷試乎

最難評閱者爲習字圖畫其比較之法前已略述但臚列諸卷於机上擇拔其最佳最劣者作一等三等而以餘卷悉作爲中等可也三等既分更析九等亦不難矣

第九節　述記錄事

欲知事業之效實必有事於記錄如普通事務簿教授事務簿等實學校中最要之

物也記之當簡明精密以爲後日準則今略述之如左

一教授事務簿　憑此可知學者之勤惰智愚優劣年齒及在學年數等可供後日管理學生者之參攷每星期每月每學年末當統計而保藏之記法貴簡明今循常例舉各簿之名目如左

一課室點名簿　每日每時教師進課室時當點呼到館諸生月末年末統計之

二日課評點簿　日按學生勤惰優劣以分數作記攷試時與課卷分數合核

三學生品行簿　默察諸生言語舉動性情才能品行等詳悉記載一學年內最少一回

四程功錄　攷試後詳記學科名目積分多寡製簿藏之作表示衆

五賞罰錄

六學年末調查學事表

七來復教授記

八試題集

九活力統計表　一學年一回調查學生之活力詳密記入或別製視力表類調查學生目力之增減等亦甚有益

二普通事務表　舉要錄左

一教員到學記　教員每日到學時簽印於此

二學生學籍簿　每人年齡班次身體强弱父兄職業入學退學卒業等年月日皆當記入

三卒業證書編號簿

四校務日誌　按日記載一切校務教務

五決議錄　記教員會議所決議之事

六教員履歷簿

七學校沿革誌

八公文彙存　與知事郡市町村長等往復公文依次存之

九圖書器械原簿

十圖書器械貸借簿

十一徵收學費簿

十二學資金出納簿

十三學校一覽表　學年末調製之

實用教育學終

明治三十五年八月十日印刷
明治三十五年八月十五日發行

定價大洋四角

日本東京牛込早稻田大學
譯者兼發行者　張肇桐

日本東京神田區錦町三丁目廿五番地
印刷者　熊田宜遜

上海四馬路胡家宅
發行所　文明編譯印書局

日本東京神田區錦町三丁目廿五番地
印刷所　熊田活版所

辦理江南商務總局兼管南洋保商事宜司道 爲

給示諭禁事據文明編譯印書局職商廉泉俞復丁寶書稟稱職等糾合同志集有鉅欵創辦編譯印書局租定上海四馬路三山會館洋房擇於六月初一日開辦所有編譯已成各書即陸續付印平價出售誠恐書賈射利易名翻印或妄爲增損改換面目貽誤士民實非淺鮮嗣後凡本局編譯印行各書均不許他人翻刻僅合詞稟求立案出示嚴禁翻印並請咨　江海關道札縣及英法會審委員一體示諭並照會英法値年領事立案等情到局據此除批示並移行外合行出示諭禁爲此示仰書業人等須知文明印書局編譯各種書籍均係該職商等苦心經營而成爾等不得私易書名改換面目翻印漁利倘敢故違一經該職商等査知許即指名具稟本總局立即提案不貸其各凛遵毋違特示

光緒二十八年五月十七日　示

教育叢書第一種

心理教育學

上海廣智書局印

欽命二品頂戴江南分巡蘇松太兵備道袁　爲

給示諭禁事本年二月十二日接

英總領事霍　來函以香港人馮鏡如在上海開設廣智書局繙繹西書刋印出售請出禁示止翻

刻印售並行縣廨一體示禁附具切結聲明局中刋刻各書均係自繹之本等情函致到道除分行

縣委隨時查禁外合亟出示諭禁　爲　此示仰書賈人等一體遵照毋得任意翻印漁利倘有前項

情弊定行提究不貸其各凜遵毋違切切特示

光緒二十八年　　三月　　初二　　日示

欽加三品銜賞戴花翎在任候選道特授江蘇上海縣正堂汪　　爲

出示諭禁事奉

道憲　札接

英總領事霍　來函以香港人馮鏡如在上海開設廣智書局繙譯新書刋印出售請給示禁止翻

刻印售並行縣廨一體示禁等由到道札縣示禁等因到縣奉此合行出示諭禁　爲　此示仰書業

人等知悉嗣後不准將廣智書局刋繹各種新書翻刻出售如敢故違定干查究其各凜遵切切特

示

光緒二十八年　　三月　　十七　　日示

教育叢書序

生存競爭。風潮烈哉。何以生存。曰惟教育。何以競爭。曰惟教育。弗能生存。弗能競爭。弗能競爭。弗能生存。相循環也。教育其生存競爭之樞紐哉。生知之聖。不可責於齊民。蚩蚩者氓。非教之育之。烏能知之。故立於生存競爭之世。教育尤不可緩矣。羣雄耽耽。萬國騁逐。有教育者存。無教育者亡。教育而完全者强。教育而不完全者弱。世界之覘國者所公認也。吾國秦漢而下。未嘗無教育。然不完全甚矣。三代以上。言教育者。似爲有精神。與泰西言教育者相脗合者多。非秦漢以下之可比也。然以進化之理推之。前不宜軼乎後。古不宜勝於今。然則三代以上之教育。大抵神聖改制之空言。未必有其實事也。以是言之。則謂吾國於實際上。從未有完全之教育。非過言矣。庚子以後。創鉅痛深。愛國者鑒於泰西之所以强。翻然而悟。盡棄其前三十年變法之陳言。囂囂然而言教育。知生存競爭之要矣。然無所取則。是越裳之車而無指南也。東西大家。言教育者夥矣。茫乎無涘。焉往從之。用

是蒐集百家言。彙而集之。以成一家言。俾言敎育者有所擇也。顏曰敎育叢書。以類從也。壬寅長至武陵趙必振曰生父叙

敎育叢書序終

敎育叢書 心理教育學目錄

目錄

心理教育學　目錄　二

心理教育學　目錄

心理教育學　錄目

想像力之定義
想像力之種類
認取想像力
實地想像力
不經想像力
想像作用之範圍
想像力之敎育
制督
指揮
獎勵

第九章　概念力

思念之性質

心理教育學　目錄　　十二

第十章　斷定力

心理教育學 目錄　十四

心理教育學　目錄

十六

心理敎育學　目錄

心理敎育學目錄終

教育叢書

心理教育學

日本　久保田貞則　編纂
上海　廣智書局　印行

總義

教育之意義　教育 Education 之語者。其語源則從羅甸語 Educere 抽出。就其意義而論。則世之學者。每分爲廣、狹、二義。何以謂之爲廣、義。則從生至死。接於我心身一切有形無形之現象。皆無不爲吾人之教育。故如氣候之寒暖。空氣之乾濕。地味之肥瘠。山川之形勢。以及乎地文上之勢力。政治。法律。交際。職業。與各等社會之現象。亦皆在於教育之範圍以內。雖然。是等皆間接之勢力。若言其影響之次第。不能不求諸專門之教育學耳。此謂之爲廣義。其狹義。云何。則不外教育少年之心身。以誘導其智力。以啓發其性靈。是謂之爲直接、方法。即人爲之方法是也。

教育學之定義　教育語之意義既如斯。而教育學之定義（Deffinition of Education）又何如。曰教育學者。基於兒童自然之天性。而接知識於人類所不可缺也。何以言之。人能養成心身之智力使遂其充分之發達。而得統、一、System 調、和、Harmony 均、齊、Symmetry之權衡。此教育學所以爲可貴耳。

調、和、云者。以能力之輕重與發育成比例。而無畸重畸輕之患。均、齊、云者。使愚者之發育復其天生之資格。而與智者相平均。殊無偏頗之失。統、一、云者。各盡能力之發育。以達人類之目的是也。

教育學之區分　人者由心身之兩部而成。其心意作用。又分爲知、與、行、之二種。若以教育學論之。則畫爲三大部。卽德育 Moral Education 智育 Intellectual Education 及體育 Physical Education 是也。

體育　體育之目的。在增進身體之生長與强健。而得爲精、神、之、國民。然欲達此目的之方法。則如左之圖式。

體育之目的

- 生長
  - 方法
    - 食物
      - 適當之資質
      - 適當之分量
      - 適當之科理法
      - 適當之時期
        - 消化—同化
    - 衣服
    - 住居
- 強健
  - 法方
    - 運動
      - 規定運動
      - 自由運動
    - 勞働

智育　智育之目的在充長國民智識之能力。使知(一)對自己之義務。(二)對家族之義務。(三)對社會之義務。其中分個人之義務。公衆與團體(四)對國家之義務。分國家與君主

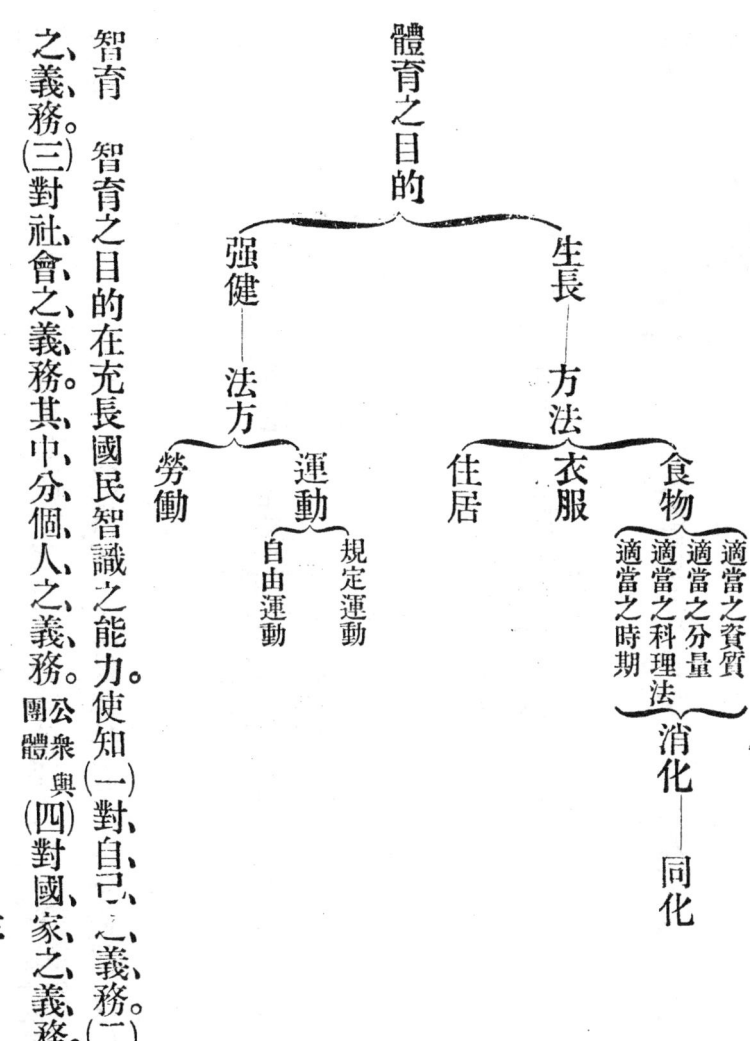

（五）對、萬、有、之、義、務。及國體。歷史。疆土。之特性。以求備乎人。圓。主。義。即完全無缺點之國民資格然後得生存於優、勝、劣、敗、之世。不愧爲、獨、立、之、民。如是而已矣。今載其方法如左。

智育之目的
- 生長—方法—智識
  - 適當之資質
  - 適當之分量
  - 適當之敎法
  - 適當之時期
  - —消化—同化
- 强健—方法—演習
  - 智識之彙類
  - 智識之陳述
  - 定律之發見
  - 定律之應用

德育　德育之目的者。在增進其德性之生長。使將來得爲完全、無缺、之國、民。其方法如左之圖式。

德育之目的
- 生長 — 方法
  - 正感之養成
  - 邪感之鎮伏
  - 格言 實例
  - 人倫之關係
- 强健 — 方法
  - 意志之訓練
  - 行躬

第一章 心意總論

知育之基礎 體育論之基礎者。生理學之知識也。知育論之基礎者。心理學之知識也。故欲引導其知育。在鼓舞其心意器能之種類。解明其相互之關係。及其作用之次第。與開展之順序。幷講究其活動方法。以爲日新又日新之具。以後即論心理之大要。

心意之定義 心意 Mind 者。有本體 Unity 與現象 Phenomena 之二種。何以謂之爲心、意、本體。蓋哲學之職分。與心理學無所關。因今之所論心理學。單研究心意之現象。即知情意之三相是也。故從心理學之中下一定義曰。心意者。即由知、情、意、三種之、官能、所、合、而、成、者、也。

心意研究之二法　心意之研究。有主、觀、的、之、方法。即自、省、法、Subjective method 客、觀、的、之方法。即他、省、法、Objective method 之二種。自省法者。觀察自身之心意。與心意作用之理法。以爲直接之實據也。雖然觀察之目的。僅限於我一心。而研究之範圍。未免小狹。是不能不研究於他省法。然研究他省法。若僅由自省法所得的知識基礎。以爲標準。每觀察他人之心意。而間接之中。往往有誤謬之處。況他省法研究之範圍甚廣。即一個人之舉動。與群體之機關。以及乎當代之人物。與歷史上已過去之人物事蹟。不能不一一考察。又不獨人類已也。即動物之現象玄妙。亦宜窮其相通之理。故此二法者。常於心意研究之中。二而一。一而二。不可須臾離者也。

心象之彙類　心象之彙類 Classification of mentel Phenomenon 古來頗有區分。要之不外二分法與三分法。二分法之元祖。乃希臘學者亞里斯脫爾氏。分心象爲智意之二類。邇來學者之說。大抵不出此範圍以外。至十八世紀之中葉。德國之心理學者得顚斯及冥甸魯棱之二氏。悟二分法之不可。始提分爲三分法。其說經康脫氏之修正。爲近世學者一般所公認。即智情意之分類是也。

智情意之官能　智之能力。(Faculties of Intellect)有種種之別。要之存於事物與事物相交之間。常相類似。在能認識其差異而已。故知之官能(Faculations of Intellect)職辨異與統同。情之官能(Capacties of Feeling)與意之勢力(Powers of will)亦有種種。情之官能。主於受快樂痛苦之感動。意之官能。則司選擇與發動二者而已。知情意之相異。人既持三分法以爲心之分象。而始知三者之隱現。亦截然有區別。即情緒激動時之心相。異於從容思念時之心相。故耽情凝思時。則難執業。熱心事業時。則難潛智而默慮。是一人之心意。同時不能現三相於同樣。

心專於彼。常忽於他。如感情過敏之學者。不適於事業家。此一定之理也。

智情意之相關　三相者既有互相容合之趣。而復有互相親密之關係者。故一相發時。每與他之二相。無不交相發動。即從事於智力之作用時。或伴之而生苦樂之感者。此情之作用。或爲注意留心者。此意之作用也。又意之作用之起。固從求快樂避痛苦之情而發。其發也必求此而避他。必要關於所以之方法。而智識於情亦莫不然。如體中有每感苦時。知其痛苦之所在。即知之現象。知其痛而欲除去之。即意之現象也。故分心性爲智情意之三相者。畢竟不外由其著明的性相可知也。

第二章　心身關係論

心意作用之機關　心身之間。以有密切的關係。而起身體之各部。其情態雖影響多少心意之作用。其實身體之部分。不能出心意作用之機關、範圍。（Organ of mental Processes）以外。此所謂神經統系是也。而其主要的部分。與腦髓之作用

證之如左

(一)因心勞而起身體上之痛苦。以頭部爲最先。

(二)病腦及傷腦時。必受影響於心意作用。

(三)心勞之後。神經組織之積物。其消損必多。

(四)腦量與心力之間。有互相比例之關係。

(五)不用腦。又不能知心意作用之實驗。

神經統系　神經統系 Nervous System 由末稍部與中樞部之二部相組織。其物質者。由純色之纖、維質。Fibres 與灰白色之細、胞質、Corpuscles 而成。

中樞部　中樞部 Nervouss Cenrus 者。由脊隨腦底及大小腦之四部而成。司激受感覺發行命令之中樞作用。

(一)脊髓 Spinal Cord 者。在脊梁骨內。以純白質而包灰白質。爲神經之大柱。從脊梁骨延續於腦。謂之爲延髓部。分脊髓之川送於腦髓末稍部之感覺。達腦髓之命令於末梢部。或有時獨立而爲神經作用之循環。起無意無覺之反射力。譬如睡眠時。因日間所受之刺激。夢中忽發種種不覺之運動。是也。

（二）腦底 Medula Oflongata 者。又稱爲感覺中樞。位於延髓大腦之間。而爲全身之神經所歸着。其用主受全身之感覺。又感覺時。司一切適當之運動。

（三）小腦 Cetebellum 者。在大腦之後下部。其用經多少之名醫。尚有未詳。然有整規行步飛泳等運動之說。

（四）大腦（Celebral Hemispheres）者。爲中樞部之最高等。分左右之兩半球。由中心之純白質。與外邊之灰白質組織而成。心意一切之作用。皆此中樞之所掌。

末梢部　末梢部（Nerve Branches）者。頭部則從腦底。肢體則從脊髓。發部於全身之神經是也。身體之末端。與細胞之間。又聯絡細胞與細胞相互之間。其用則如傳信線。司一切傳導之作用。此神經又分爲求、中、神、經。（Incarrying Never）與離、中、神、經。（Outcarrying Never）之二種。求中神經者。致外部之感覺於中樞。離中神經者。達中樞之命令於外部。

神經作用之次第　末梢部或蒙刺戟之時。各中樞者特立而直爲神經作用之循環。更傳其刺激於高等之中樞。而生三種之結果。今舉其作用之次第如左。

刺戟 — 神經 — 脊髓
- 無意無覺之反射運動 — 特立作用之候或睡眠中特有刺戟之運動
- 致戟刺於腦底
  - 起無意有覺之半反射運動 — 特立作用之候不堪理會如信口誦歌是也
  - 致刺戟於大腦 —（大腦
    - 起觀念之反射運動 — 特立作用之候酩酊中之舉動是也
    - 致觀念於意志 — 完全的心意作用如讀書求理是也

神經作用　人生必要的事情。若欲遂神經適當之作用。則如左之條件。

（一）組織神經之部位。宜時時整制而運動之。

若神經之分子。或中途斷絕。或分子之組立錯亂之時。則中樞之通路斷。即不能受感覺。且失運動之能力。則謂之半身不隨之人。

（二）壓力之太過

長坐而壓踵上。則暫時踵必失其感覺。睡眠中每麻痺不覺。由於壓力之過久。甚或出血。又動脈閉塞時。神經甚爲銳敏。一時手足生痙攣。此又壓力之不足也。

（二）温熱之適度

冷血動物。概比温血動物爲不活潑。如人之在於寒天。不能活指潑。端因寒氣失感覺。或口含冷水。而一時忽齒痛。皆温度不足之故。神經遲鈍之證也。反之或動作之時。身部之温度甚高。其高部分之神經。往往過敏。

（四）血液供給之適度

多血性之物。比貧血性之物爲最活潑。體部充血溢度。其部分之神經。必過敏。輕微的刺戟。亦難堪其苦痛。此人所常經驗者也。又摩擦體之一部分。使充血過甚。然後入浴。其受摩之處。必比他部先受熱。

（五）血液性質之純良

人若呼吸不潔之空氣。則腎臟之作用衰。血液中所含之炭素水素必不能向神經而支給充分之榮養。故生眩暉昏睡。此由心意之作用。不活潑之故耳。

第三章 心意發育論

發育之情況　心意者。非可固執一定之程度。而經驗所積。因此漸欲發育進化。而其情況（Characteristics of Development）亦有二樣。一則增長已發能力之次第。即能、力、之、生、長、（Growth of Faculties）是也。一則開拓未發能力之範圍。即能、力、之、發、達、（Development of Faculties）是也。

能力之生長　能力生長之次第如左

(一)凡事既諳練。則益進容易敏捷。其應事接物之間。一切激因及注意等事。可能減去多少之障礙。

(二)未諳練之事。可由已諳者推測而得温故知新之義。

(三)措施既益益進於錯雜緻密。而盤根錯節之器量。亦因之日進。能力之發達。

能力之發達　能力發達之次序。則先以智力之發達爲主。今記如左。

(一)感覺（Sensation）者。資助心意作用之材料。而感覺以前。一切之心意作用。寂然不動。故能力中第一發達者。感覺力也。

(二)知覺（Perception）者。由感覺中結納得數多之印象。以得爲物體之認識。故知覺力者。次感覺而出者也。

(三)復現想像力。(Representative Imagination)即記臆力。(Memory)嘗復現知覺印象於心面之作用。又立知覺力之次也。

(四)構成想像力(Constructive Imagination)或單云想像(Imagination)者。結合知覺的種種事物於心中而構成一新奇之形象之作用。此又其次也。

(五)最後發者總稱之曰、思念、(Thought)是也。思念中又包含三段之作用。即第一爲知覺識。凡關於事物全類俱作概念。又爲概念力(Conception)第二結合概念識與概念識之作用。謂之爲斷、定、力(Judgement)第三結合斷定與斷定之作用。又謂之爲推、理、力。(Reasoning)是也。

由右之次序觀之。則能力發達之次第。從初現而復現。從點線而普通。從有象而無象。從簡易而複雜。其現象各有日異而月不同之概。然此之順序。獨不僅智力爲然。而情意之發達。亦如是也。即如體感簡易的感情先發。而情緒之複雜後現。如動手足。必簡易的意志之作先出。而後選擇決心之複雜的作用隨之而進。智情意發達之相關。知情意之三者。固互有親密之關係。即其發達時。亦有不可須臾相離之勢。即如無求奇好新之情。注意留心之力。必不能見智力之發達。蓋智識不至而感情亦不能相觸而起。是欲情之發達者。則先蘊積知識之充分之爲必要也。欲求快樂避苦痛。實由意思之選擇而定。其方法在關於知識之深淺。始發爲擧動。故意之發達。雖不能與智情之發達如何。然三者發達之關係。必不同其一致。卽如智之發達以前。雖不要情意之發達。而情意之發達者。必要智之發達。始可有日進之機。又情之發達與意之發達。其相關亦如是也。

心意發達之要因 心意發達之要因 Factors of mental Development 者。有內因、與外因、之二種。內因者。不俟外感而自然從內發遺傳與腦髓之自然發達是也。外因者。由多少經驗與多少人爲之閱歷而始發。此謂之自然、經驗人爲、經驗。及人、爲、發達、是也。最後二者。卽直接敎育事業之所關也。今說明各目如左。

發育之要因
- 內因
  - 自然發達
  - 遺傳
- 外因
  - 自然經驗
  - 人爲經驗——一名敎授 } 敎育
  - 人爲發達——一名敎練 } 敎育

自然發達　自然發達 Spontanious Development 云者。不用心意作用之機關。與腦髓之人間經驗。而自然日見成長發達者。蓋成長者。質量之增加。發達者組織之緻密。此天然賦畀之良妙。固如是也。然此二者。每不同其速力而進。即如成長者。幼年之時。早已達其極點。而發達則甚遲遲者也。

遺傳　遺傳 Inherited Disposition 云者。謂祖宗所備之心性氣質。傳之於子孫是也。如接同一之經驗。受同一之訓習。往往有不能得同一之發達者。此由於遺傳之異也。夫遺傳亦有特殊與普通之二種。特殊者僅以一個人之特質。傳於其子孫。如士者之子。其性近於詩書。商家之子。其性近於計數。此由於其父母之血系不同。故其子亦不同。雖然。此種遺傳。每不能如普通遺傳之堅固者。何也。蓋父母有偏於一方之性質。或甲乙之血系。又互相差異。嘗結合而生育一與父母不類之子弟者有之。此不能執特殊之遺傳而概論天演生人之公理也。至普通遺傳者。由數千百年之血統。日接歷代同一之經驗境遇。而心意作用之上。自畫有一定之體裁。試就其狹義而論。則一國之國風（National Character）其國民相習而成一種確不可拔之習慣。就其廣義而論。則一國自有一國之普通觀念。（Unive al Idea）凡事物之自然性質。與其地理之關係歷史之影響。有永遠不能變易者。此其由來已遠。非一朝一夕之故也。蓋普通觀念。又稱爲通例、本能。（Instinct）以此普通遺傳之化。已有習成而爲天性者。不俟經驗教育而自然發見者也。以上二因者。與教育有間接之關係。何則。蓋教育當代之人物。而欲高其程度。則其腦力與心性。將遞次以傳之子孫。進化之次第。亦準是也。

自然經驗　具人感覺之機。而存於自然界之中。故外界之印象。不求而自來。以形而下事物之形質論之。因此生秩序（秩序者有時間空間之別後說之）關係等之知識。人有思念之力。而立於社交之間。故人事之關係。不招而自至。又因此而生風俗、人情、禮義、倫序等形而上之知識。以此謂之爲自然經驗。Incidental Experiences 蓋此經驗者。豈獨爲知識之作用。又何以畫定心意作用之體裁。是經驗與心意發育。其關係之要因。非淺鮮也。

人爲經驗　自然經驗者。關於心意發育之秩序。常以自然意氣而發。或錯雜前後。每有不得於該當之處。於是從事於論理上之秩序。而措置經驗。是又不可不永適於心意發育之理法。以爲資助經驗之方。故名此道爲人、經驗。Methodical Experiences 今舉大要如左。

〔一〕從簡易而漸進於複雜。

如先授知覺力之知識。而後教思念之作用事項。

〔二〕由特關而漸進於普關。

如先指定一個之事物。而後因類似點。使概括之。

〔三〕由具象而漸進於虛象。

如算術之教授。先授實物之計方。而後教數字之算用。如歷史之教授。初教歷史之事實。而後求事實與事實之關係。

(四)由不限定而漸進於限定。

如先教地球之形狀。與球式。而後說其楕圓球之理。

(五)由事實而進於理法。

如修身教授。先說事實之關係。而後教人倫之大道。理科之教授。先示實驗而後說理法之類。

(六)由部分而進於結合。由小結合而進於大結合。

如幾何形體。由線而點。點而面。面而體之類。

(七)由概略而進於細密。

如地理之教授。由世界爲始。而漸詳於亞細亞及日本幾道府縣郡村之類。

(八)由形而下進於形而上。

先授有形理學。而後教以無形理學。

由(二)至(八)共七項。要之不出(一)項之外。此他雖尚有表示教授之理法與條欵。總之爲〔一〕項之變體。蓋〔一〕項者卽人爲經驗。與教授不可須臾離之原則也。

人爲發達　人爲發達 Development by Exercises 云者。從演習而教練能力之謂也。其教練方法。在資助演習之材料於心意。蓋能力之發育與材料。有直接之關係。如厚於此方。而必薄於他方。則向於觀察記臆想像概括等之諸能力。使各合調和其能力。而得適當之材料。則材料之程度。與心意之程度。必歸一致。又考能力發育之秩序。使不能發達觀察記憶之能力。則欲練概括力。終不克有所補助。而其發育之間。一切平均調和之權衡。厚彼則薄是。亦難免偏頗之患。是不可不注意。擺泥孤氏。分兒童能力發達之次第爲四期。限曰兒童三歲。以天眞與知覺爲生活之時期也。七歲時則內部之活動力。與外部之活動力並進。而專得外界知覺之時期也。十四歲時。則脫內部之活動力。與感覺之羈絆。而性質日開之時期也。至二十餘歲。則學校之生活已終。得有種種之高尚能力。可謂充分發育之時期也。由此而區分之。其說頗粗雜而無條理。然亦可爲心意發育秩序之一證也。以上人爲經驗與人爲發達之二因。與教育有直接之關係。教育家者。不可不深長思也。

第四章　注意力

注意力之性質　注意力（Attention）者。其性質常附隨於他之能力而働。不能有獨立作用。以其非一種類之能力故耳。

雖然。心不在焉。則視而不見。聽而不聞。是心意一切之發動。由注意而後發其端。心意一切之能力。由注意而後完全其作用。使先不知關於注意作用之理法。則不能講他之能力。及他之教養之方。是注意力者。從一方觀之。關於意志之作用。莫不皆然也。今再發端而剴切講明之。

注意力之定義　注意力者。特就內外兩界之事物。或選此目的。而廢棄他之目的。以爲傾注心意於一方之作用。以此之故。乃下定義曰。注意力者。凝聚汎然之意識。而歸根於一點。專心一意而爲之之義也。

注意之効力　注意之効力(Effects of Attention)者。別白目的於激亂之時。定一鵠象於方寸之際。故拋棄輕微之感覺而凝神注意於此。又其意恐生一切之錯亂。爲現實之病苦。故斷却萬縷葛藤而鞭策入窩道之地。然有時凝意於一方。而外界萬象之觸迫。每每不覺。由此默觀之。則注意者向其目的外之事物。皆不能動其心意。殆與失其知覺又何異乎。是不可不辨也。

注意之面積　注意力者。向於同時數多之目的。不能汎然以從。故取數多之部分。聯結而爲一體。於是心意乃專用於一個之物體。而得積心處慮於此。然有時注意而關於一種之事物。有時又直關於聯結部分之聚合。蓋心意凝聚之點。有廣狹之不同耳。故稱之爲注意之面積(Cxten of Attention)蓋此面積之廣狹。即從注意効力之多少生焉。

注意之度量　注意之度量。Degree of Attention 自二種之事情而定。第一、欲注意之時。必自揣量其舉動之大小。以爲精力之分量。此分量主關於心意作用之機關。即神經系之態狀是也。凡一切寒暖血液勞逸睡眠等之如何。因此有多少之關係。第二曰激因。即惹起注意之作用。與勢力之強弱也。此激因。又有內外之二部。外部激因。（External Stimulus）者。如赫赫之光明奇異之現象。以惹起我注意而爲一時凝神用意之目的。內部激因。（Internal Stimulus）者。如兒童欲得師長之賞讚因而勉學。如學者欲尋眞理因而凝思。以我動念而傾注心意於一方。

注意之二種　由外部之激因而發的注意。謂之無意注意。或又謂之爲反射注意。Reflex Attention 以其由外誘而發之注意也。又從內部激因而發之注意謂之爲有意注意。Voluntary Attention 以其不恃外界之刺戟爲自然勃發之注意是也。此二種之注意。如傾聽興味最深之談時。與忽聞井市喧囂之談時。同時必異其方向。因在有意無意間也。又其發達之順序者。無意必先發而有意必後出。世常有不識人類知慧發達之人。往往強有意注意之未發的孩提使之注意於興味最少事項。何其背謬之如是也。

無意注意之理法　無意注意之厚薄由外部。激因勢力之强弱而定。而勢力之强弱又由激因之性質而定無絲毫强也。然欲知此性質。則關於無意注意之理法。不能不詳說之。

(一)度量　激因之强弱者。由於其量（Quantity）合中其度。Degree 而爲一定之差。如量大度强者。則引其注意之力必强。反之者則其力必弱。

(二)資質　激因之强弱者。又由其資質（Quaozity）之愉快與否。且中道與否。爲感應之比例差。如大愉快或大無愉快者。則其勢力必强。若中道者。則其勢力必弱。

(三)興味　度量資質。固不足引起注意。因注意者目的。有特別之關係存乎其間。至於注意者之興味。Interest 若其目的之勢力。僅限於注意者。其感受特强。

激因之變化　激因之强力。不獨關於自體之勢力。以其前後之事情如何爲定。如所列前三條。未足盡無意注意之理法。於是詳論二條如左。

（一）度量之變化　意識者從變化而起。如激因之度量强。能求永斷續之時。遂至不能生意識。故屢變化度量使大小强弱相交錯而發。即爲引起注意之因也。或色之濃淡。聲之高低。運動之遲速。此必爲能引起注意之一助也。

（二）資質之變化　愉快的激因。終始不能變化。且漸次至失其引起注意之力。若自體愉快之性少。日新不已。則注意之力。必隨之而日强。故常常變化資質。以求目的之進步。使不失日新之趣。則常可以持續注意而無稍解也。

變化之理法　變化者。雖爲引起注意之必要。然其新奇的目的。亦與自身無關係。何也。若一旦有不經驗之事。却不能爲注意之引導。蓋如教育者。本爲政黨間所主持而無頓境者也。是教授生徒。不可不從已知而次第進未知。且新奇之目的而含有多少經驗之分子。設其變轉之次第稍不圓滑之時。則注意亦因之而滯塞。於是在求其應變之理法。

（一）類似之應變　心意之趨向者。一旦傾注於他方向。必有進於同一方向之勢。

故其方向急於變更之時。則其注意之應變必不滑。以其難引起注意之事耳。如注意於外界之印象。有時則難注意於內界之心狀。是際於變化所以宜有類似Similarity也。雖然類似者。必不僅限於目的之性質。其性質異。則其發之時間秩序可依。而前後亦相等。則豫可期繼發之目的。而注意之變轉。必不至阻碍而難行。如詩之平仄對句文之照應伏線。亦可見注意之効也。

二)聯合之應變　以現在與斷起連續而成二種之印象者。因、聯、合、之理。Law of Association自有一種牽挂之幻影。如人默想潛思中。始則由甲而有乙之勢。終則忽由甲而轉注意於乙。如踏舊路。不勞注意。又如讀歷史之事實。忽而意及地理之事實。人之思想。大半如此也。

有意注意之理法　當有意注意之發作時。每與無意注意異其方向。因先無意注意之引力。則後之有意注意不能起。此引力之機勢者。卽內部之動念也。此動念勝於無意注意之引力以上。而綽綽有餘力。然後有意注之作用隨之而起。

然。動念之勢力者。不過一時使心意向於目的之中。設他之意志不能純而一致。終不得生一往無前之靜定心狀。則前此注意者。忽而散落於窈冥之鄉。此必然之勢也。所謂輔佐心意而悠然不遠者何。卽存於目的之興味是也。由是觀之。則有意注意者。畢竟不能脫無意注意之範圍。故無意注意之强力。因足動有意注意之强力。而有意注意之强力。終不能動無意注意之强力者。蓋無意注意之範圍甚廣。而有意注意之効力極狹也。是意志之力者。謂之有際限外部激因之力。謂之爲無際限。再列三則於左。

（一）內部激因與外部激因既異其方向。而注意者。必傾向於强之一方也。常見動念之力强者。其有意注意起時。每爲抵抗外部激因而殺其勢力。卽注於目的之心力。亦因此而減少。故欲求勉力於方向者。不可不除外部之激因也。

（二）一旦有意注意。忽因無意注意而起。而興味若不足以助其勢。則終不能生靜定。與常可持久之勢。故欲勉爲注意者。又不可不於目的中尋其興味也。

〔三〕無意注意。與有意注意同其方向時。而有意注意之勢力尤强。故勉强同二者之方向。其計亦甚便也。

注意力之生長　注意力生長之秩序者。先有無意注意。而後有意注意出焉。是不可不先述無意注意之生長。以爲標則。蓋無意注意之生長。與他之諸能力同時發動而日進者也。故與激因屢有發動衝突之勢。愈練習而其强健之度。亦日隨之而進。初則需强激因。後則需弱激因。蓋不如是不足喚起注意也。故年齒漸進者。前此不感興味。後此之興味。亦日日開。又由聯合之理而悟人生固有興味。與非固有興味之界限。尋而自由獨立之性質。亦拓然開展。又復加以注意練習之功。益日廣。則其生長之力。亦不能限矣。今再論有意注意生長之次第如左。

〔一〕凝聚　凝聚(Concentration)者。以表面論。積一生之精神材力於目的之作用。以裏面論。排除一切胡亂之意識於目的以外之作用也。此作用者固屬有際限之物。如至心力疲倦時。無論如何奮勵。終有不及之處。雖然。積演習之功。果能凝精聚神。至疲倦之時間而後已。則其精力亦必次第而增加。從古稱有非凡之智力人者。非別有妙技。唯不過凝聚作用之非常發達而已。

〔二〕總括　總括（Grasp）云者。合數多之部分相集而組成一個之目的。以總括之。得同時注意其全體之謂也。注意之効力。固雖與注意之面積。成反比例。若重如練習。必從而減其効力。廣其面積。此爲理所必至此。今日之負有育權者。不可不注目全級之生徒也。

〔三〕移轉　移轉、（Transition）者。殆不聯絡數多目的。而爲同時之注意。不過因此之目的。而忽移轉注意於他之目的之謂也。然此作用。亦由演習而漸次進步。如世之所稱隨處留心之人。最能得此作用之發達。但此作用者。實與凝聚有反對之趣。蓋凝聚者心拙於移轉。而銳於移轉者。又必鈍於凝聚也。

〔四〕習慣　習慣Habit者。由練習所至。而心意之中。生出一種之偏向。不僅如注意之必需多少感奮。而後次第進其功。如學者對於書物。而忘却一切外感之事。是有意注意之生長。若至此程度。亦可謂達其極點也。

注意力之演習法　凡教授之事業。一舉一動。不可不注意一切教育之關係。世有謂教授成効與否。視其注意之聚散與否。非虛論也。故知注意演習之法者。則奏功於教育第一之要訣也。其方法如左。

(一)注意之理法。宜常常講究也。何則。學校之中。不能合一群之子弟。共聯絡而注意一目的。因長幼知愚。各有程度。若以同一之目的。驅高下賢不肖同注意於此。而無差別。不僅無益而又害也。即如身體疲倦之時。强其注意於極困難之事。亦不可也。所以教授之法。宜將前後類似事項。有聯絡之關係。使常得新奇之興味。尤最妙法門也。

(二)生長之次第。宜時時演習也。注意之生長。初出於無意。而後有意生焉。則演習之中。宜不可不嚴守此生長之次第。以爲循序漸進之方。則如注意演習之初。於此一方除去一切之障碍。又於彼一方。必得多少興味最深之愉快。而心意亦自然牽引於理境。而有中流自在行之趣。如生徒之年齒已長。使得隨便注意。以適其意志所好。設使從事於凝聚作用之演習而凝聚之時間。亦必增長。且可演習總括移轉之能力。若強其立目的而全無興味。不徒疲其精力於無益之地。則有意注意的演習之生機。亦爲目的所泥拘。而心意發育之程度。終失其興味而至於怠。此亦必然之勢也。

(三)扶助主義使生徒有平易端正之姿概。而無懶惰散亂之習。爲教習者。又不可不常常着眼也。若功課綦嚴之時。忽而興味薄缺。可借用他種動機以激發之。如指點現在現實之快樂與未來理想之快樂。以涵養其注意之天眞。又或與言英雄之困苦。與怠惰者之禍福。以悚動其注意之精神。萬不得已。亦不可利用痛苦。而加以鞭楚。雖不注意者固當罰。然兒童一經痛苦。則其本來心意。愈生畏縮。而少年靈魂無多。必由此而涸其注意之原力。是鞭箠野蠻之教。決不可濫用者也。

第五章　感覺力

感覺力之定義　感覺(Sensateon)者。心意作用之原始。而心意表相之愈簡易者也。欲分析而無可分析之。欲解釋而無可之解釋之。今强下一定義曰。感覺者受求中神經之外端。達刺戟於神經中樞。而起一種簡易之心象者也。

感覺之二樣見解　感覺者可得由智之點觀之。又可得由情之點觀之。蓋由知之點觀之。則關於得知識之次第。由情之點觀之。則關於受苦樂之感激。然此二點者。於實際上有不可離而爲二。於學問上。又決不可混而於一也。蓋由知之點。可以見六官充分之靈妙。由情之點。終覺甚不完全耳。於是有普通、感覺與特殊感覺之區別。

普通感覺　普通、感覺、(Universal Sensation)者。或謂之爲有機、感覺、(Organic Sensation)以關於筋骨神經血液食道榮養呼吸寒暖等之感覺。而由有機體之狀態。以生一切苦樂之感是也。故名之爲普通者。謂其無特殊之機關。而有全體之感性。又爲部分所普有之物也。此感覺者。非從外物之刺戟而起。實由身體某部之變狀而起。以是不能得外界之知識。教育上之關係。可謂極薄矣。

特殊感覺　特殊感覺（Special Sensation）者。由耳目鼻口等特殊機關之衝動而起。與普通感覺固大異。以其富於智性之元素。一切聲香味觸。無不與外界相關係。故資助心意作用之材料。而爲知力一切之基礎。且於教育上。豈非有無比之關係乎。

特殊感覺之二種　特殊感覺云者。有受動的之感覺（Passive sensation）與發動的之感覺（Active Sensation）二種。味齅觸聽視之五覺。以其主應外物之刺戟而發的感覺。故謂之爲受動的。筋覺者。以其主於由吾所發的感覺。故謂之爲發動的。

各官之特質　各官者。關於左之條目。而異其辨異力之精粗。故謂之爲各官之特質（Characteristics of Senses）所以區別感官等級之高下者也。

（一）度量　各官者。有應激因力之强弱。而異其感覺度量（Intensity）之性。此性能知物體之勢力距離。則與智力之關係。極爲緊要。然此性有精於某感官。而粗於他之感官之相異。而其官又有最高限與最低限之分別。若激因之勢力超過此二限。則感覺不生。而在此二限中。如度量之增長。直不能與激因勢力之增加成此例。維伯盧氏曰。欲增加度量於算術級數。則不異乎增加激因於幾何級數。此宜細思而始得也。

二資質　感覺、之資質、(Quality)者。不僅從感官之異。而異其類。即於一官之中。而又種種之異類。如味覺之感與齅覺之感。異其類。又於味覺中而甘味之感與苦味之感。又異其類。此性者以能知外物之性質。故資質之辨異力與度量同感官。而特有精粗之差等耳。

(三)時間　各種之感覺者。必有多少之時間不同。或短或長。或繼繼而續續。而刺觸激因神經之作用。亦由之而生長短。故以感覺之長短(Duration)而可知激因作用之長短。且其關於物體之時間的知識。亦可得而知。然世有稱爲殘感者。以其激因既去。而尙有多少其結果之留連也。究之其中味臭二官留此殘感尤甚。是此二感之所以不可限定也。

（四）區畫　區畫、（Local Character）云者。謂同時感受數多之外物。而能辨別其次第之性。此性者。由受感覺之表面諸點而異。其原因終視其受射神經之纖緯如何。此性之觸視二官特有。延長面之感官而以他之不充分之感官比較之。其界限大相懸遠。故如物體之數量。形狀。大小。位置。若關於傳渡空間 Space 的知識。則諸官中以觸視之二官爲限。

味覺　味覺、（Sense of Taste）（一）如與胃交感之味。卽風味同嘔味。（二）原味。卽甘味同苦味。（三）刺戟味。卽鹹酸辛。然傳其心意觀念於觸覺之味。及三種之味的感的者。其機關則在舌與上顎而已。而其所感者。又在舌之上下端。因其兩端之感最銳。而中部之感極鈍也。故與味相接時。則起味覺。而又有溶解之性。特以其限於物品。故不及感化其神經。若論其作用。實如化學之作用。而具有一種分別之妙。

是當於情之原素。與幸福上。雖大有無限之關係。然缺乏度量區畫時間等之限定。實近於有機感覺。故由智性上觀之。則立於最下等之感覺機也。

齅覺　齅覺（Sense of Smell）者。（一）與肺交接之薰氣。即鮮氣與窒氣。（二）薰氣原性。即香氣與臭氣。（三）則傳刺戟性之三種薰氣於心意觀念。其機關者。即鼻、孔是也。此種機關。銳於鼻孔之內部。若刺激性之物入口。僅觸覺神經。終不能起齅覺。蓋以外物者。其發揮之體。多由以熱光與濕氣之作用。而著爲一種薰氣質物。故只能觸覺神經。而不能感化其精神。其作法亦如酸化之作用。何則無酸化的性質。則概少薰氣。又酸素與鼻孔不相觸接。則感覺亦無從而起也。然此感覺者。不僅與味覺有親密之關係。即於知性上論之。此味覺爲最靈通耳。

觸覺　觸覺、（Sense of Touch）者傳壓迫之感與溫度之感於心意之官。其機關卽全身之皮膚是也。就中特銳敏之部分者。莫過於舌端及指端。此感覺者。由得知識之點。時見之。其位置。遙在於味齅二官之上。其度量之辨異力。每能於壓迫之度相感覺而得知其物體之重量之多少。維伊柏盧氏。曾經試驗。以爲指端之感覺能辨別二零。與一九二〇一九卽溫暖度之距離之數下准此與二之差。而前腕則能辨別二零與一八與七之差。惟其時間之辨異力留感甚少。而能迅速分別繼起的二箇以上之印象。於精密至其資質之辨異力。則於物體之剛柔粗滑及冷溫之間。一旦相觸，而能立解。維伊柏盧氏又曰。如溫度之區別不拘度之高低。大低如華氏一度之差異。可得辨別之。至其區畫之辨異力。尤爲觸覺力所最緊要的性質，蓋因此性能分別共存的印象於微微之中。而爲觸覺力獨步之點。然其神經之電線。在身體之活動部爲最强。在凝定部爲稍弱。此天然之理也。如論其尤銳敏之處。則莫過於舌端。何也。蓋舌端能分別一迷里邁拖魯即中國之三尺亦以溫度言之距離物而指端只能分別二迷里邁拖魯之距離物也。

聽覺　聽覺、(Sense of Hearing)者主傳關於音響的諸質之感於心意之官。其機關。卽耳、是也。此感覺之位於最高等者。以其有精密的資質與時間之辨異力。夫資質之辨異力者。爲音響之二大區分。即識別樂音與非樂音之差度。但其二大區分中之外。又更能知音之美惡高低疾徐。而具一種之特色辨別者。如每秒時其聲之高低度數。皆一一印於耳根。而不能隱。其中又有一音跡神。如聞各種之樂音。而能尋以音色之所出。又如聞語音。且直能認識其人之爲誰。此不得與心神混合而爲一也。至其時間之辨異力者。凡近速與繼起之數多印象。皆辨別其精密而無或誤。故一一言語之分節(Articulation)說話之旨趣。觸諸耳根。傳諸心根。而得無數之知識。此亦可謂最虛妙之機也。若論其度量之辨異力。未免頗有鈍濇。以其只能知三與四之差率。而不能自力擴充。且其區畫力。尤爲感覺機之最短。是以一切物體之距離形狀大小等。皆不能達其心意於直接之觀念也。

視覺　視覺(Sense of sight)者。主傳光線諸質之感於心意之官。其機關即眼球是也。他此官有各種之特質。位置爲諸官中之最高等。即以度量而論。亦能對於一二零(即百二十步)之一二一而得分別其差異。他如色之濃淡與一切隱微之色像。

以及於色與色之交線。萬相之盤錯組織。皆得分明而辨異之。無有阻滯。即以物論。如隔〇〇四乃至〇〇六迷里邁拖魯之物。亦可以與光線相印合。而現出二個之影象。其接近者更無論也。故古人謂人生之魂在目。不爲無見。究之特占人身最重要之地位。不可不留意也。

筋覺　筋覺（Mascular Sense）者。主傳發動的之感覺與運動及抵抗之感於心意之官。其機關即全身之筋肉是也。此官第一助觸覺而有精密之重量壓搾堅柔粗滑之辨異力。蓋重量壓搾的筋肉之辨異力者。勝於觸覺之辨異力。縱少而達於三倍。夫觸覺之感者。屬於受動的之感。即主觀的所生之感是也。筋覺者。以費力之感。而誤於重量壓搾之辨異。故至於堅柔粗滑之度。由於運動而得其辨異則益益精密也。又各種之間。有延長（Extention）并繼起（Succession）共存（Coexistence）等之差異。又有時間（Time）與空間（Space）確實所得的觀念之分別。此感由於觸覺之聯合作用。如視覺而能得物之大小距離等之判斷者。必俟此感之助力。始獲其完全。設使不得此助力。則終致失其正則者必多。世有由視覺上而生出種種謬感者。即因此理誤之也。

感覺力之生長　感覺力之生長。亦有二樣。即辨異印象。以爲能力之增長。與統同印象。以爲能力之生長是也。如嬰兒然。初僅感外界之激因。而不知其他。至年歲漸長。先能辨別快樂與痛苦。而後則生度量之辨別心。遂至能識別人生之趣向。然其度量資質之差等中。必先知其最著明簡切者。而後漸次入於微細。此感覺進化之程度也。然有不同者。因感覺力之生長。雖由練習而漸進。而進步之差率。亦往往因人而異。今列其相異之點如左。

〔一〕應於官能之刺戟。各有遲速。即如甲之未聞的音響。而乙先聽之。乙之未見的形色。而甲先認之是也。

〔二〕應於刺戟的感覺性之繼續。又各有長短。凡各種之感覺。至繼續之時。漸次第而薄其效力。終至全失其感覺之力。故其繼續之時。各視其人之感覺力何如。不能同出一致也。

〔三〕官能之辨異力亦有不同之處。然此不同者。有全體與特別之二種。全體者各官之辨異力。皆超絕他人之謂也。特別者。一官之辨異力特占優等之謂也。是等之不同者。開於教練之力雖多。而由於天稟之相違亦不少。雖然人有特別辨異力者。由於天性有之。終不能不歸於教練之功。此人事之所以可貴耳。

感覺力之教育措感官而不用。終不能得輸進外界知識之路。蓋因心意一切之作用。無不由於感覺之力而發故也。故教育家第一着在用意於感官之教練。世所謂觀感而善。非虛言也。夫向於各官苟能資助適當之材料。使遂其充分之鍛練。其一切感覺之力。必日進於精密敏捷。而無善惡不感之患。然而別有可慮者。如學校課業程度。或屬於甲之感官的事物。忽欲傳其心意於乙之感官。其誤謬之見。當亦不少。是又不可不加充分之注意也。此知覺力之教育力。豈容緩乎。

第六章　知覺力

感覺與知覺之別　感覺者。雖有辨異統同之力。究之其辨異統同者。不過辨白所受衝動之異同於心意。故其感覺終歸之於客觀。不能歸之主觀。因其感動初起時。多不能定其位置。以無知識之故耳。故於一旦受其感覺時。或以爲可歸之於物體。然起此感覺者。終屬物體之資質。至能於感覺時。而能有認定之程度者。始見知識之作用也。此程度何名。名之曰智覺、(Perception)夫知覺者。與感覺相對待之名詞也。今於感覺與知覺之區別。請一言以備之。曰感覺者。屬於受動的之心性作用。知覺者。屬於受動發動二種之心性作用者也。

知覺力之定義　分解知覺作用。由辨異統同與諸感聚合之二程度而成。何也。萬感皆以類至。苟不辨異現在所受之感覺。旣不能有統同之智。則終不能歸印象於分種別類之物體。是感覺之辨異統同者。爲知覺之第一程度明矣。然此程度。係於現在感覺。則可稱之爲直現之元素。如再次之程度者。即聯合現在之感覺。與過去之感覺是也。譬如將耳之所聽。目之所見。手之所觸。聯合而凝爲一鐘聲之知覺。則耳即有一鐘聲之影響。世人以此名之爲幻響。究之此種程度者。實爲知覺之本分也。不寗惟是。進而求之。其性。復含孕有追懷作用。及復現之分子。故知覺作用。不能外直現復現兩種之程度。相結合而成。斯賓塞耳氏。命此爲直現與復現之名。良有以也。由是觀之。則知覺力。故可下一定義曰。知覺力者。其中包有直現元素(Presentative Element)與復現元素(Representative Element)之兩種作用也。

知覺之門　知覺者。旣由諸感之聯合。而生特殊之感覺。總稱之爲知覺之門(Channels of Perception)亦無不可。要之。其中特占貴重之地位。則莫過於視觸之二質。以其有與他相異之二質故也。二質云何。一則筋覺亦伴之而發。二則區畫之辨異力。實精密於他官是也。有此二質。所以占獨優之點。而莫能尙也。今列如左。

(一)傳敎種之知識

如嗅花聞音。而有感者。不過郁香音聲之一質而止。由目見手觸而有感者。則可含括彩色。形狀。大小。冷温。堅柔。粗滑等之數質。

(二)傳空間之知識

凡稱知覺。雖勿論如何之簡易。究無非歸其感覺空間之一點。其實能傳空間之知識。及物與物相對之位置。并直接而對吾的位置之知識。惟視觸之二覺然也。他如聽覺。只僅能傳間接之知識而已。

(三)傳元質之知識

元質云者。乃物體中之幾何上之性質。(Geometrical Properties)即大小形狀。與機械學上之性質。(Mechanical Properties) 即輕重堅柔等。

知覺之種類　味齅之二覺。向於知覺而無有緊要之位置。是此二覺可以不參入知覺之部類。以免混蒙。今特分知覺之緊要者爲三。(一)聽覺之知覺。(二)觸覺之知覺。(三)視覺之知覺是也。

聽覺之知覺　聽覺之知覺(Anditory Perception)者。由知識上論之。則資格甚薄。

以其欠區畫之精密。與運動之自在。而不能直接以傳空間之知識故也。卽以距離之判斷時。雖音之大小。而能豫知經常之音響。而畢竟不得推知之。如忽而與音接。每有回頭爲左右傾聽之勢。因方向之感覺時。有明晦之不同。而兩耳又不能强爲推測之。終不免有所曖昧。卽有時而有推測者。亦初賴此視觸二覺之聯合也。然其有特異者。因能於時間之知覺。而得傳其聽覺之隱線。并識其繼發的印象順序律度而精密不紊其秩度。此其所以長於視觸二覺之上也。

觸覺之知覺　觸覺之知覺（ Tactual Perception ）者。傳關於實物的必要知識之大半。其於幼年時代。尤爲知識之捷敏門也。凡一切有形物之形形色色。皆能知其性質之堅柔。與其輕重之度數。故此知覺者。使吾人與界物有親密之關係。而無有隔膜之患。卽如欲知物之存否動定。亦不可不於觸覺時。而辨知之也。今將由觸覺所得於外界之知覺。次第分析之。如左合而計之。有三覺焉。

(一)運動之感覺。(二)區畫之感覺。(三)抵抗之感覺。

蓋感覺者。以有延長之面積。而富於區畫之辨異力也。然只僅受動的之感。終未能得關於空間的之知識。是又不可不輔以發動的之感。即運動之感覺是也。如手觸於物時。或於前後左右之動間。而得知物體之諸點。及其相對之位置。故物體之位置、形狀、尺量、表面、固形、距離、及單複之知識者。由於運動之感覺與區畫之感覺相聯合而得之者也。又物體之輕重粗滑。及關於堅柔的知覺者。又由運動之感覺。與區畫感覺。抵抗感覺之三者相聯合而得之者也。惟關於溫度的知識。則觸覺之知覺。恐不獲知其確實者何也。因一體之情形。與溫度之感覺。各有異同之相差。猶從主觀而不能推知客觀者。亦如是也。

能視覺之知覺　視覺之知覺(Visual Perception)者。比於觸覺之知覺而稍稍欠確實。蓋以觸覺之知覺其接於物而得之法則。多屬於直接之關係。每能於復現之元素。而得其所含孕的直現之元素。至於視覺之知覺者。乃多是外界之關係。稍稍屬於間接也。雖然。觸覺之所及者。僅限於手足能力之間。如至於視覺。則一望之裏。而能收外界萬象之森羅。而無少漏。故以範、圍、線、之廣大論之。則視覺者。固非觸覺之企及也、今將由視察力所得外界之知覺。及其次第而分析之如左。有五端焉。

（一）眼球之運動（Ocular Movement）

（二）網膜之區畫（Localisation of Retina）

（三）能動觸覺之補助（Aid of Active Touch）

（四）調節輻輳之感覺（Accommodation and Convergeuce）

（五）雙眼之視覺（Binoculr Perception）

（一）眼球之運動　眼球云者。有六根之筋肉。組織其間。故能自在回轉。亦天地生人最妙巧之一物也。此物每由視線之所向。則眼球從之而轉。又每一轉動時。或上下四旁。而其中必生一種之筋覺。此筋覺者即可知外界諸點相對之位置。凡如物體之形狀、大小等。一旦相接。皆能得其關於空間的知識。亦一奇也。

〔二〕網膜之區畫　網膜者。有延長之位置。其表面又有緻密的神經縱橫分布於其中。故眼球之靜止時。雖同時受有數多之印象。皆能辨異其區畫。然此區畫之辨異者。乃由眼球運動之感覺。共相連合。而關於空間的知識。更可增一層之鞏固也。究之即其次第論之。與觸覺及筋覺之聯合。而作空間之知覺。無以異也。

〔三〕能動觸覺之補助　夫眼球之上。如以一種之凸鏡。映於網膜之上。則其射影之際。每對於實物而上下左右。常有位置轉倒之理。然終不能誤實物之形質與方角。此所以可取之以爲能動觸覺之補助也。不寗惟是。即眼球筋肉之縮張。與手足之伸屈。皆得映其觸覺上之經驗於視膜。此其故。皆由聯合而然。又映於視膜者。無論遠與近。皆作一樣之平面形。是知物之距離與固形者。皆由有此聯合故也。若無此聯合之時。則見外界一圓之平面。終不能知其距離。又視物之大小。亦僅識視覺上之大小。而眞實之大小。無由辨別也。

〔四〕調節輻輳之感覺　如外界之遠近。雖云借能動觸學之補助。究之視察之官。

亦具有幾分能知距離之天然能力。其事情云何。卽視、官、之、調、節。與視、軸、之、輻、輳、是也。何以謂之爲、調、節。蓋物體遠時。則眼球凸隆之度隨之而減。離物一近。其度卽因之而增之謂也。何以謂之爲、輻、輳。蓋由近觀時。兩眼視軸之傾度由漸而多。若遠望時。其度漸歸於少之謂也。故此二者之感覺必得關於多少距離之觀念。而爲之助。始可增長其能力焉。此定理也。

(五)雙眼之視覺　雙眼之視覺云者。謂以最近之物體。映於兩眼。而其印象之精密。各有不同之現象。是乃視官之原光自異。而物體之固然之形質。實未有改變也。卽如映於右眼之物。則其物體之右側必多。映於左眼之物。則其物體之左側必多。由是映於兩眼。其精密完全自然不同。此其故以非物體之平面形質。而眼光線不能燭照其全無他理也。試爲設一最淺近之理。如並置同一之像片於左右。而以固形鏡照之。則立體圖必變爲平面圖。此可驗而知也。

知覺與觀察之關係　知覺者。其所經過之間。雖或有多少之注意。究之其平生而注意於此者。終不甚厚。一旦與外相接觸。不過得其物之性質中二三之彰著者。略爲看過。或僅過一目。而即識其物運動發作與其物之知覺者極多。然若遇一種新奇之物體時。忽而感其神經。而有不忍釋手之意。因此注用多量之心力。以推求之。此較知覺又進一步矣。故之爲觀察。(Observation)蓋觀察者。即整理知覺之別稱是也。

精密觀察之法　世之常人。每於事物之性質現象。輕忽看過。以致常不能得看破事之眞相。故其方寸間。常有一種觀察魔。隱藏其中。時時生出色色怪相。如徘徊於五里霧中。而自己常不覺。故欲養成精密觀察之氣習者。爲教育上極最緊要之事實也。而其求精密之法。第一向其目的時。不可不用周到綿密之注意。以免被目的魔偎所誤。次則一切之心意之成見。宜掃除淨盡。而虛心平氣以觀察萬物之消長變化。若先存成見於胸。是以內之意向。迎外之現象。則外界之知覺。每與內界之知覺時有格格不入之患。世所謂魔障幻境之害者。其原因皆自成見而來。人欲破除妄感者。不可不於此三留意焉。

知覺識之性質　知覺識者。本具有孤立之性質。而不與他之知覺識有關係。除所受的感覺外。則心意中不起何等之作用。如不理會無意味之言語文字之知覺是也。或有時又與他之知覺識有關係者。因感觸而起比較推度等之作用。此乃眞知識之元素也。如事物之精密的觀察。注意理會的觀念。或含有思想之言語文章。每相感而起知覺是也。然此種知覺雖能助心意之生長。有時若不能節制之。則爲害方大。不可不愼而避之也。

知覺力之生長　兒童當智識未開時。凡一切由外界的印象。只漠然知感覺。而不能類別爲外界之何物。以其未認識外界之事物故也。至稍成長時。從得而次第經驗。則感覺與感覺。遂有逐漸聯合之勢。因此漸生事物之知覺。惟視覺與觸覺二者之聯合。且可發達方角距離之知覺。始進而認別實物之性質。及萬物最著用之外形。至此乃可得統觀分觀之妙。若至此程度。不獨僅恃視覺以辨識。又必訴於觸覺。而求其分量之形質。是此間可稱之爲觸期時代。然是等之聯合。既鞏固之後。則視覺不用依賴他之感覺而得有獨立之作用。是又可稱之爲視期時代。自此以往。則知覺力之生長。日漸發達。而視覺之修練亦不可缺者也。

智覺力之修練　由外界而收受觀念作用者。始於感覺至知覺而結其局。然知覺之所司。在化一切印象的事物之形質。及關係而成爲靈智。此靈智者。爲心意之生長。及養成其高尙活動能力之基礎。是時敎練之方法。不可不充分致力。以求其至當也。雖然。敎練之方。由於依依慈母之膝下時爲始。蓋兒童智識。既有漸漸發達之勢。而凡一切日近之物品。父母皆宜注意於其間。如兒童遊時。可與以運動之自由。使遂其自然活動之力。而得與外界之物相直接。又觸視二官之演習。亦宜廣羅資助之材料。以助成此二官之聯合。而速爲視官獨立之作用。此最屬緊切之事者也。又時時稍加以直接之干涉。凡兒童之未注意注目的實物之諸點。或問以索解之方。使引起對於事物之興味。以感發其性靈。而各色可供敎練之物料。如各種之形體、色圖、繪畫等。亦可十分充足。以使其觀模藉涵養其天然活敏之性。蓋由變化而生新奇。其奮勵亦必日增。且可强其迅速辨異諸物之能力也。雖然。若僅見新奇之物。而不常覩熟弄之物。亦非策之得也。何則。養其細密之觀察。原欲使其習慣。以容易有統同諸物之能力。若物品玩弄稍久。自然日續接其腦印。而能得緊要之關係。如專事新奇。恐未克得其要領耳。又是等之諸物之觀察。宜從其心意發育之秩序。如先從事於著明者。而後注意於隱微。或先由簡易而及於繁雜。或由已知而達乎未知。或由分類而進乎普通是也。然不獨外物之觀察如是。又可模倣物形。使眼與手。時常有運用之活力。此可增確實知覺之洪益也。如於幼稺園。而使分別諸種之草木禽獸之名。又於小學校中。而使習形色樂趣之畫。皆爲充長能力之大切要也。

實物敎授　學校生徒之敎授。不僅作文學之習修。又必廣示以庶物之變化。及其性質構造部分効用等說。使兒童目見其色形。耳聞其聲音。或由手習之。或由舌味之。或由鼻嗅之。以感覺物之各種之性質。更可集合其諸感。而得關於實物的確實之知覺。由此可以兼教練知覺器能之方法。此謂之爲實物教授（Object Taeching）嗟呼秩序正則教授自良。今揭其利益如左。

（一）日練習知覺之器能。爲增長觀察之能力最良法也。

（二）博物學者。勿論各種之理學科學。皆不可欠缺。以欲求初步之觀念者。惟此爲最要也。

（三）思想之材料。與思想之秩序。無不從觀察實物。及現象之關係而來。故欲達高尚的思想於正當。惟此爲資助知識之府庫也。

（四）進求知之情。增勉强之愛。每衝動心意。而有活潑的思想。皆由此引誘而發明。世之教育家。謂此爲最足啓牖熱心尋求之念者。非虛言也。

（五）由歸納而得徵驗理法。與應用原理。亦以此爲必要。

然實物教授亦宜留心者。今條列如左。

（一）實物教授者。決不可就書籍而教授之。

（二）實物教授之教師。亦宜有明瞭之目的。而後施教育之功。否則實物教授。亦不能有成効。

（三）實物教授。又不可失整然秩序。即如前後之教授。苟有明瞭之關係。生徒自可發明其關係。而爲聯合記憶之効果。設使亂雜而不能聯絡。則實物教授之功用。終日於無有。

（四）實物教授之生徒。既習熟而有觀念思想。則可漸次有新奇興味之課業。如常以陳腐之實物教授而日課之。生徒必日生倦厭

（五）實物教授。可由生徒之自己揣測。而教師不可先告知之。惟導生徒日進於精密之觀察而已。如適當觀察之結果。只可隨機開導。以啓生徒之悟心。而教師之能事畢矣。

以上所揭之條件。爲實物教授者。所當注意者也。夫一切實物之採用。宜加減而

斟酌之。蓋知育結局之目的者。由形而下。遂達於形而上之知識。且以啓抽象之關係。及原理之奥妙。而擴充推理能力者也。然而達此目的之程度。凡屬於理科之學。如地理。歷史。數學。以及乎實物圖畫。皆可以備實物之教授。而爲知覺力發動之楷梯也。惟有可慮者。凡終始實物之若失之於偏。亦大不可也。何則。實物之學。只可作一時開智之用。苟長爲依賴。則心意之中。常不能脫去覺官之羈絆。必流於罣礙凝固。而不能有終始獨立之思想。則一切智力運用之範圍。亦必日有收狹。如是則有害於心意之發育。豈淺鮮哉。不寗惟是。即如博物科之實物。倘拘泥過度。不獨於理學毫無進步。終必爲實物之玩物喪志學耳。實物不可以奪心。否則知識將隨之而澌。故有心於實物之教授者。不可不作十分之熟考。以求其實際之適宜也。

第七章　記憶力

知覺力與記憶力之關係　知覺力者。雖爲能得知識之本源。然其作用。僅限於事物所在之間至論其印象。則事物之去而印象亦從之而去。故欲強施其銘刺印象之功。則稱之爲知覺、餘響。（After Percepts）及暫、時、心象（Temporary mental Iemages）雖然亦只僅能於暫時留其痕跡。終不能有永久保存其印象之能力。於是乃別爲講求貯藏此知覺之方。故記臆力（Memory）生焉。然記臆力者。又稱之爲復生想像力。（Reprerentative Imagmatoin）以其復構印象於神囊。而長爲收藏之用。世又名之爲記憶識（Image）云。

知覺識與記憶識之別　記憶識者。元來爲知覺識之影片。比於知覺識尤爲分明者也。何則。知覺識者。由物而迫於吾人之知覺。不依賴於意志常多。而記憶力則與此相反。因記憶識之爲用。必集合色色之注意。而留一影印以表於心面。使之有復現之効果者也。又知覺識者。必要感官與肢體之運動。而記憶識者。惟司銘篆、其覺痕、之力。又知覺識者。忽突然而去來如風雨。而記憶識者。不使其去來自由。且欲漸次留著之。此記憶力所以與知覺識交相爲用也。

記憶力之定義　夫記憶力既爲貯藏知覺印象於眞實之地。俟其知覺之更起。而爲復現之作用。故爲之下一定義曰。記憶力者。乃保存知覺力之印象。而爲一切知識、之箱、篋、也。

記憶必要之事情　分明記憶識而有確實必要之事情、二種。(一)印象、之深、銘、(Depth of Impression)(二)印象之、聯合(Assoceation of Impression)是也。

印象之深銘　今揭其印象深淺之次第如左。

(一)身心之狀態　人身心意之中。惟記憶之作用。乃最費心力之多量者也。凡心緒繚亂之際。及老年腦衰之時。每每不能記憶。故人欲擴充其記憶力。不可不於少壯之時。與乘此精力最浩瀚。天地淸明之氣最新鮮中。涵養其記憶識。則其收功必多。世有以身心之狀態。而察其記憶力之深淺。亦有所見也。

(二)注意之厚薄　夫注意極厚之事情。即爲記憶最深之事情。何則以强力注意的印象。則其心版中。已如印刻而不可去。故哲學家謂外部激因之分量資質及興味之如何。與內部激因之動念强弱。即可以定心意凝聚之度。正以此耳。然是等之事情。又屬第、二、等記憶之力。不可不知也。

〔三〕反覆之度數　夫心中除却最强印象之外。凡種種事物。皆只一回直現。而如電光之過目。不能永久其印象。而把住之。世之學者。常謂之爲石、火、覺以頃刻消滅故耳。由是觀之。則人欲保續其記憶力者。必宜幾回反覆於同一之印象。使深其痕跡。而無如石火之易於消滅。則得之矣。然其反覆記臆之緩急。而効力亦有大差異者。雖第二回之印象。原由第一回之印象。未致微弱。故能發於復現。然有時而反覆現實之印象。亦難記憶者。此宜於觀念上反覆求之可也。至其効力之弱。又從可知矣。要之記憶者。由反覆之度。始能抵於鞏固之域者。此又第三、之記憶力也。

印象之聯合　以注意之反覆。而得深厚印象者。此所謂專斷記憶法。其心力浪費受損。亦不少也。如是有一法焉。使甲之印象。與乙之印象相聯合。則以甲之記憶。反以助乙之記憶。遂可以省多少之心力。此謂之爲印象之聯合是也。然此記憶者。非將印象常使徘徊心面。不過平素能知聯合之法。則無事之時。潛留其跡於意識之外。至一旦提起時。則自然有所觸發也。故此印象之聯合特有關於記憶之復生。人所最宜留意之事也。聯合有三種。即㈠類似聯合。㈡對比聯合。㈢接近聯合是也。

類似聯合　類似聯合(Association by Similarity)使智力官能之一。而有統同之作用。即如同種之知覺由此作用。遂能生觀念之聯合。使之相結托以伏藏於心意中。若陡而與外界接。則舉於此而即可以知於彼。觸於甲而即可以感於乙。蓋以後之知覺與前之知覺相類似。感以類聚。憶以類分。雖無强聞强記之勞。而得左右逢源之益也。故欲授新知識於人者。於不可不從舊知識中之類似者。引伸觸類以長之。此爲輸進智識於他人之妙法門也。

對待聯合　對比聯合(Association by Contract)者。與類似相反對。蓋此由於智力之辨異作用。以差違而生聯合之觀念也。如起一種之知覺心意。自立一反對之物理。以爲二者對照聯合。而互深其印象之勢。如聲其東而即可以知其西。把住甲而即可以把住乙。是記憶最便而勞力亦可少省耳。雖此聯合。比於類似者而在重要之度低。若觀其効念。獨不僅爲鞏固記憶之益。而大有開張其知識限之効。凡有反對關係之事物。可以物之相對待授之。

類近聯合　接近聯合（ Association by contiguity ）者。爲三種聯合中。應用最廣又最緊要之聯合也。即如覩春過則知夏來。以時順而聯合也。聞湘江之名。則發淚竹之感。以地勢而聯合也。見光澤而知物之粗滑。覩束薪而思温熱之性。此以事理係屬之次第爲聯合也。或同時而共發。或直接而繼起。其印象皆有互相聯合之勢。有此之記憶。即可助他之記憶。有此之直現。即能觸發他之復現。哲學家名之曰爲類近之聯合。凡有欲勉於敎授者。如能有此聯合。而可以節省記憶之勞。甚爲捷便之事也。

强爲聯合的事情　此種强力。與印象最深之强力同一也。即注意之厚薄。與反覆之度數是也。

(一)注意之厚薄　類近聯合之强弱。即由印象之接近。而忽發一種之連結知覺。然稍有異者。惟視其注意之厚薄耳。至於共發之印象。繼起之印象。皆有復現之秩序。惟發現事物自然之秩序。亦不能一定。蓋以當初記憶。或向於注意。而由其前後之觀念之不同。故注意於前者。則復提起而注意於後。其事甚易。若已注意於後。而欲起提而注意於前。其事甚難也。蓋經驗雖同。而因其人記憶之各異爲之也。故注意連列中之最主要最著明者。可始由次第再及其末葉爲最善矣。

(二)反覆之度數　接近聯合者。雖有互相提起之力。然有時因聯合之極微弱時。亦容易忘其類似之記憶識。如忽聞姓名而難知其人之爲誰。又不能追憶之。又或以言詞與意味顏色與情動等之相同。而忽生惝怳之見。此謂之爲聯合力之度量。(Degrees Association Force)然而是等度量之强弱。實關於反覆聯合之度數何如。故人欲强爲聯合者。不可不加數回反覆之功也。

複雜聯合　由實際觀之。每記憶識發時。則三種之聯合。不能分別而出。大抵皆同時複雜迸發。故謂之爲複、雜、聯、合。(Complex Association)然組成此聯合之思想線者。非如琴絃之別立而並行。大半如網之縱橫錯綜。而無一定之頭緒。故有時又謂之輻、輳、聯、合。(Convergent Association)以其集合數線而爲一點。是直鑄凝數多之提起力而合爲一個之印象是也。如見一人。始則擧其姓名擧動容貌言語之相合。繼則與其人之若有類似者。亦必複雜而言及。世人思想界中每每有此種之現象。可默省而知也。又有時而謂之爲分、離、聯、合(Divergent Association)以其由於一點。而忽引起全無關係的數種之細點。有時則思想線愈出愈奇。上九天而下九淵。幾無從尋其起首著想之處。如譚維新之偉業。則思想聯絡所及。忽而念及革命一家之事蹟。又忽而想起革命家之妻子兒女。則轉念之間。又因此國革命家。而推知彼國革命家。始而寸而尺。繼而千里萬里。終而瀰淪幻像。而不知所究極。此謂之爲思魔。不可不愼也。

言語之聯合　由接近聯合。而有最爲緊要者。言語是也。人之觀念思想。無不由言語文字而出。古人謂言語不通。則情誼不能接。又哲學者言曰。人者由言語而後有思想。如離言語。則思想亦無出生之地。故言語者。入於耳而爲受動的之印象。發諸口而爲發動的之音聲。既具有二重之特別性質。故能於一方吞吐萬有之知識。是言語者。眞萬智之媒介。而無容疑者也。然言語既爲傳達知識之機械。而一切之觀念思想。皆藉此言語文字。以散其異采奇葩。設無言語文字。則人類之知識。亦何至今日。是言語者。又保持知識之城壁也。故觀念之進步。與言語之進步。常相竢不離。而如影之隨形。是留心於教授業者。不可不著意於此兩者。而充長其能力也。至其修練之法。可以用授業時間之過半而討習之。惟於習言語之先。宜示以觀念。以不忘其標準。故耳夫溫習言語。其所以最相聯合者有四種。(一)視覺之元素。(二)聽覺之元素。(三)動作之元素。(四)觀念之元素是也。故人欲記憶言語。不可不連結此四種之元素。然於此連結。苟能完全無缺時。則從此一元素。自然而可推及於他之元素也。雖然從元素而推及於他之元素。其勢亦有異者。即如由言語而提起觀念之勢則強。由觀念而提起言語之勢則弱。故於練習時。宜示以觀念而使答以言語爲最要。又文章者。言語之集成也。至其結合之次第變化。雖無窮盡。而其思想之順序。則自事物之秩序而來。故事物之順序。爲一定不變。則思想之秩序。亦一定不變。然而文章爲陳述思想吞吐思想之物。則其聯列之次第。亦有一定之條例。而不容紊也。明矣。使苟能於其秩序充分注意。以鞏固聯列印象之記憶。必能於直現一言一句時。而得其復現其次之言句。而有聯合一貫之勢。故文章作法之敎授。特於此點。宜三注意焉。

記憶之難易　記憶識之種類者。與印象之種類。共有多種之不同。而由印象之種類比之於記憶力。則大有難易之差別。蓋一則爲發動經驗之記憶。一則爲受動的經驗之記憶。固也。若從高等的感覺機而入之印象記憶者。比之從劣等的感覺機而入之印象記憶者爲强。夫視覺之印象。如加以受動的之經驗。與發動的之經驗。則其記憶力最爲完全者也。不寗惟是。至其範圍。亦可謂極廣。故人之記憶力。大抵從視覺上之印象來者爲多。次之則對於此印象而大半爲言詞之記憶。蓋言詞之記憶者。不僅爲保持視覺上之印象。凡一切概括。斷定。推理。以及乎高尙的智力作用之結果。無不從此而收莫大之効。此所以與記憶有緊要之關係者此也。

記憶力之誤用　世有謂智識者。爲無價値之學科。而記憶力之練修者。乃有多少効果。其說大誤人者也。何則。夫記憶力之練習。最所貴者。爲聯合之記憶。最所忌者。爲專斷之記憶是也。然以所謂鍛練主義。而作無理會的觀念。以强制思想之符號。使籍入心版。是乃專用專斷之記憶。不徒無益。而有害於心意。亦良非淺鮮也。吾見世之學者。往往不得其方法。故各學科科科。陷入此弊。以誤費其記憶力者不少。此眞可謂不知讀書窮理之法者也。可勝歎哉。

記憶力之敎育　有分明的知覺者。由於感覺機之銳敏。然留注此感覺機者。亦由於印象之沉凝。故凡心意之印象。無不與注意深淺有關係。可見記憶堅固之効。然是等之事理。總以知覺之聯合爲最要。故知覺力之敎練。與記憶力之敎練。爲學問莫大之關係。今特舉關於記憶力之敎育方分爲二區。以深論之。

(一)收得之演習。(Training of Acquirition)(二)追懷之演習。(Training of Recollection)是也。

〔一〕收得之演習　收得之演習者何。乃將所得之理物。不使其輕爲鬆過者也。第一、乘心力之新鮮活潑時。宜有以涵養其物理之趣。第二、將興味最濃之天德。使常醞釀其心情。以堅永久之印象。第三、將所得之智慧。更反覆以發揚之。至其反覆垂敎時。與言語文字造作時。更宜取實物或圖畫。或應用之書籍。變化而演述其方法。以防道心之倦厭。第四、須摘發要點。而養成排列編纂之材能。凡一切不要記憶之浮詞麗理。皆爲之指述。使其將來有鈎元提要之知識。今日課業。與前日課業之關係事項。此部與他部之切要關係。皆爲授其聯合之法則以利用之。則其心得必日多矣。

〔二〕追懷之演習　追懷者。雖爲記憶作用之一程度。究之與收得自異其趣也。凡有收得最敏招回最鈍之生徒。欲養其記憶之能力不可不用別段之法以演習之。至其演習之法。則宜使之抵抗外部現時之激因。專心凝慮以求內部之心狀。久之可養成爲追懷既往之德識。變爲習慣。而其最妙之方。莫過發一問題。而使彼對答之。則其前日之課業。如不能有招回之能力。必不能酬答。如是則其心專心專而招回自易也。然此法不獨爲追懷演習之必要。凡收得之際。而欲求有貯藏智慧之府。而乏點滴遺漏者。惟此法爲最善也。

知識之活用　始由知識之力。而收受外界之知識。繼由記憶之力。而包羅萬有於內界之中。是眞可以離而成一外界獨立心意作用之基礎。而心力之妙用窮矣。故以下論其關於活用者。而爲世之譚心學者告焉。

第八章　想像力

記憶力與像想力之關係　夫自事物而來之知覺。既有一定之順序結合。至聯合其順序結合之用。而貯藏於心意者。謂之記憶力。雖然。而心意之中。終不以之滿足。必進而破原物之順序結合。而構成一種新奇之樓閣幻境。夫此中作用。雖其屬結合之材料。總不外自知覺而來。至於結合之法。曾不自知覺不自經驗而全出於新造之組織。而生出多少之虛境。此謂之爲想像力（Emagination）也。

想像作用之分解　欲分解此想像作用。可畫爲二箇之程度。（一）復生、（二）構成、是也。

〔一〕復生　想像作用之第一着。則招回經驗之事實。以之爲構造想像之材料。故想像作用之優劣。從知覺識及復生器能之優劣而定。如不富於思想與文字之知識者。則不能構思想而成文章。此定理也。故復生之程度。可謂爲想像作用之豫備物而已矣。

〔二〕構成　此程度。乃屬想像作用之本然。分離原理之聯合。而爲新奇之製造料者也。至其製造之法。豫設一目的之結果。於心意之中。以之爲標準。且棄除舊來聯合元素中之陳腐者而取目前之顯異者。內加以組織增損。以作新奇之構合。而想像成焉。雖然其初思想界中。尙有因因果果。而離去標準常不遠。迨其思想線散漫時。更加一番之取捨牽引。遂至反覆支離。如海市蜃樓。至求其思想起點之目的。不相符合。此想像必至之境也。豈虛語哉。

想像力之定義　由以上論之。則此想像力可下一定義曰。想像力者。招回知覺識。分解取捨其元素。以爲標準。而構成新奇的結合之作用也。

想像力之種類　想像力有三種。〔一〕認得想像力。〔二〕實地想像力。〔三〕不經想像力是也。

認取想像力　認取想像力（Cegnitive emagination）者。關於智力之想像力也。夫人之知識雖多。不能出自身之經驗以外。此想像之作用。有關於得識與關於發見之別者也。關於得識何如。由讀書窮理愼思明辨等事。而認識自身經驗以外之事物云爾。蓋從讀書窮理。而得事物眞相。以復其固有之知識。此大、學、所、謂、明、明、德、也。然此皆不過由想像作用。藉取古人之前言往型。求其至當不易者。以畫一影象於心意。而靈臺中可以涵育充長多少之智慧。故言數理及講究理學之諸科。不可不假此想像力之助也。何則吾人心意之中。凡抽象冥渺之理。不能憑空而會悟。必循具象故事之陳述。而後收推陳出新之功。此定理也。雖然。天地間至理無窮。形而下者。尙可推尋。形而上者。有非知覺所能到者。譬如音響光溫之波動。化學的分子之離合。與人身血液之循環。心意之發動。無論如何而知覺總不能有直接之印象。不可不由類似之知覺識。以推知之。否則終屬渺茫也。蓋是等推知之作用。即所謂想像力之作用耳。豈有他哉。且關於知覺之發見的想像力又何如。然是等之發見。勿論對於事實上而有綿密之觀察。基於眞理上。而有確切之見解與否。究之從已知之事實眞理。而推演之。以尋其事實眞理之跡。

則是也。且由想像作用。而設置結構於心意縫內。以之爲標準。而一切之眞知灼見。皆從此出。或謂之爲理學上之想像。凡關於眞理之發見者。以此爲最緊要也。

實地想像力　實地想像力(Practical emagination)者關於綴文演說寫圖建築等事。能表其思想上之結果於實地。此爲事業最有確據之事者也。然此想像力之所關者。有摹倣、與、自造、二種之別。摹倣、者。取法前人之模範。以爲法則。而後鳩材庀工。以求與前人之制相符合。而無變形走樣之差。但其下手之地。不可不先分離從來之聯合組織。以求其正當之規。如使兒童習字者然。欲求酷肖古人。不可不先除其癖。此自然之理也。然有一古形橫列在前。若思出新奇之結合。以勝前人者實難。此乃爲古人所束縛也。謂之爲古人之奴隸者是也。自造者則不然。取法於古而不泥於古。網羅萬法之精神。而別制一新奇之品物。此實地想像力之上乘耳。

不經想像力　不經想像力(Aesthetic emagination)者。乃由一種之幻情所感變而爲此等想像力。其於知識收益之道。可謂極少者也。數千年來。世人所謂之想像力。大半指此想像之作用耳。然此想像力。與幻情之關係。極爲相近。因其經一番幻情之煽動。心界中已漸有入魔之勢。而加以想像愈深。則其幻情之影象。愈不能滿足。以此被幻情所觸動迷離。遂描出種種之妄想。則其幻情之熱度。亦隨之而高。如恐怖之情多者。則描出色色恐怖之景狀。權利之慾重者。則描出色色得意之狀態。神思夢覺。必致構成一片之幻境。以迎其幻情。而心緒之恍恍惚惚之間。已被此想像力所勾魂攝魄。而脫離於尋常人經驗之區域。以彷徨乎稀布經驗之境界。此爲勢所必至。即如神仙方術小說戲作之類。大半皆此等幻想所致。人若一入其迷途。必至以經正之事物。爲不大滿意。進而期人生所最難得之物。以爲僥倖可遇。迨至亡國破家。其悔已晚。此古代以求仙學道而生招此禍者。指不勝屈也。要之此想像力者。智力與意志之作用。而有莫大之害者。不僅世人各當猛省。即於教育上。亦當十分注意者也。

想像作用之範圍　自以上所述而觀之。則想像力者。如能以意思而制督之。使循眞理之所存。以求運轉之方。則凡關於知識之收得發見。及實地之作業構造。皆可有緊要之助勢者也。若能於讀書應物之中。而解悟有用之學理。以高出於尋常感覺之上。則著書於名山。留遺澤於後世。且發明新機。以公益於四海之內。此皆想像力與推理力之結合。而始得有斯作用之結果。亦人生最可幸事也。然不僅於此。凡世界人類之進步。而次第能達於高等之程度。亦無不從比想像力動機之一念來耳。何則。人由想像力。以觀察現時之狀態。如能構成比一層完全無缺之理想。則必思以此理想爲標準。勉達於實際之域。而世界文明之進化。即隨此思潮爲消長。有由然矣。雖然。想像力之性質者。乃取捨知覺識之元素。結成一新奇之印象者也。若論其作用之範圍。只能自造形影。決不能自造事實。若不克振刷精神。一任感情之衝動。而無踏實運轉之事。則忽萬念墮空。一切皆入於妄想。此其有害於智力與意志之發育。亦不少。故世人每每有萬種之感覺而不能奏點滴之功者。皆此一念誤之也。如是則想像力有極緊要者。亦有極害事者。只在觀其作用之範圍如何耳。

想像力之教育　想像力者。對於智力。一時立緊要之地位。對於感情。一時又立危險之地位。此教育法之制督（Restraining）指揮（Guiding）及獎勵（Stimulating）之三策。不可不留意也。設使有荒誕的意象。必批根而放逐之。不寗惟是。即雖正經想像。有時活潑敏捷太過。恐其陷於妄想。亦不可不加以制督之術。制督之術者何。即養成斷定推理之二力是也。如是則與想像力對立時。得以保其權衡。而不至汎濫無歸。即有時當想像力利害之歧途。倘迷其所向之軌道。而斷定推理二力。又可從傍指揮。使去其浮情。而歸根於智意。且得收智意作用之功。又於學校中設適當課業。以爲種種有益於感覺力之事。使其作用日近於道。如是其庶幾乎。今舉施爲以上之三策的要訣。撮其大要如左。

（一）使其對於事物。而有想像之意者。可先施易感於興味之事實。

（二）如設地理、歷史、作文之課業。則可觸其想像力之發動。
（三）凡感觸必要之材料。必須十分充積。使智覺識不足者。亦得藉此生想像力。而能自造事實。
（四）又宜示以構造之模範。
（五）舊有經驗之元素中。僅採集其必要之部分。以觀感之。使養成一種吐棄無用之能力。
（六）由簡而繁。由近而遠。由既知而進於未知。循其秩序以課功。使其有次第精密之想像。
（七）又可同時養成他人之高尚能力。而想像作用。至得其正當之範圍而止。

第九章　概念力

思念之性質　前此所論之感覺知覺記憶想像之諸力者。總之關於特殊之事物者也。然是等之諸力。終不能涉事物之全類而得其知識。於是思念、(Thought)

之作用生焉。以所得普關之知識。鎔合而打成一片。此謂爲思念。然求其作用。有概括。斷定。及推理。三種之分別。總之關於事物之普通形象發作者。則不外乎比較作用。而更增辨異統同之一層發達是也。但關於特殊之事物者。而其能力則辨異之機爲强。若出於思念之作用。則統同之勢爲强。此思念之性質也。

槪念力之定義　槪念力(Conception)者。爲思念作用之第一程度。又選擇現在及過去之知覺中普通之形象。而有統括之能力。故下一定義曰。槪念者。就直現與復現之兩識。合一切普通之形象。而作一類似之關係。而施其統括之作用者也。至槪念作用之分解。凡一切事物中。若此其差異。而甚覺類似之多。若比其類似。而大相差異者亦不少。蓋以前者不勉力爲統同之自然作用。而只求以類聚之勢。故謂爲無意槪念。(Passive Conception)後者欲求其類似之點。不能不作心意之奮勵。故又謂之爲有意槪念。(Active Conception)然其所以分解之作用者。乃由。比較。抽象。槪括。之三程度。而成。其說洵不可爲淺人道也。

(一)比較　比、較、（Comparision）者。乃觀察其直現與復現數多之事物。合彼是相較量之。以來其類似之差異。此比較之作用也。然此等作用。乃屬於概念作用之第一程度。而智德之進化。莫過於是。

(二)抽象　一團中之事事物物。而其相類似之中。必有多少之差違。如欲排列其類似。而施以概括之功。不可不先置其差異於度外。而獨抽拔其類似之形象。此稱之、爲、抽、象、（Abstraction）然比較其類似。苟有多少之差違。又彰明較著不同之物。其有大相類似者。因粗心浮意觀之。故不能得其眞相。若潛默其心意以省察之。則同中之異。異中之同。各有不相掩之理。世所謂慧眼慧心人。自能領得之者此也。如琥珀與瑪腦。其形若相類似者。其實不然。又或外觀若相差異者。內部中含有類似之點。如燃燒呼吸腐敗等之同屬於酸化作用是也。然此等之奇奇異異。爲抽象作用之最困難者也。是以概括作用之高尙者。必由其心力已大發達之後。否則有難焉矣。

（三）概括　既從數多相違之物體中。抽出普有類似之形象以後。是抽象之作用已畢。而概括之作用生焉。何也。既有抽象。又必有集之而爲一個之觀念。而普通之形象。以及乎數多之事物。可以凝鑄心意中。而施以總括之功。此概念、作用、中、之、概、念、（Generalisation）力也。但此等作用。由抽象力成功。而自能達此程度。殆出於自然之性。而不可以相強矣。

命名　夫概念作用。既經以上之三程度。則其結局。不能不歸之於命名。（Namin-）蓋以有一個之概念。則必有一個之名稱。而後可以永保其概念。而不至散滅。即如世人之所常用之名稱。若除固有名詞之外。大抵皆對於概念而發。無他名稱者。乃所以表概念。無名稱是無概念也。若論其意義。則有外、延、（Cxtention）與、內、包、（Intention）之二樣。而不容相混。即如於此一方。則示其概念之範圍。以表其概念所及的事物之數。而於彼一方。則又示概念之內包。以表其屬於概念中事物的普通之形象之數。然此二義。常成爲反比例。使外延增一層。而內包必從而減。內包多一層。而外延又必從而少。今示以左圖。可按而知。毋庸贅也。

名稱	外延	內包
物	鑛物 動物 植物	物
生物	動物植物	物生命
動物	動物	物生命感覺

又名稱中用於學術上之語者。其所指的概念。雖確定而不變。至用於普通者。率以汎意(Ambiguty)行之。每以一普通詞而表數多之概念。故人惑於歧路。而忘其概念之源。如字畫、計畫、銳利、權利之類。不遑枚舉。其他如物價之高下與身分之尊卑。而通稱之爲貴賤。又室家之家者。建築物之稱也。而世之教育者。政治者。哲學者。皆稱爲教育家。政治家。哲學家。是皆汎意之例也。世人不察。往往名稱流於汎意者常多。使教授之際。若不能爲之加以辨別。則孔子所謂觚不觚。觚哉觚、

哉、之、意。正謂、此、耳。是又不可不注意也。

概念之種類　概念有四種類。(一)同、類、同、種、之、概、念。(二)同、類、異、種、之、概、念。(三)分、解、之、概、念。(四)保、合、之、概、念、是也。

同類同種之概念　以此概念比於差異點。而類似之點爲甚。人每於不知不識之間。而得以概括之。此即自無意概念而來之謂也。如天地人之概念是也。

同類異種之概念　此概念者。比於差異點。而類似之處甚少。以其經概念作用之三程度。而始得推知之。此即指由有意概念而來之謂也。如合鳥獸蟲魚等而統稱之爲動物。蓋概念之作用。其範圍愈愈大時。而其類似之點亦愈少。概括作用之能力。亦因此而彌加困難也。

分解之概念　分、解、之、概、念、(Aualitic Notion)者。乃分解類聚事物之形象。以及乎此之事物與他之事物之屬於普通的形象。抽拔之而作一概括者也。如重輕赤黑剛柔硬諸形容詞。而以無形名詞表示之。然至此概念者。乃概念力之頗高尙者也。

保合觀念　保、合、觀、念、(Synthetic Notion)者。更從分解概念。統合而爲一最新之總念。此尤概念力之最高尙者也。如稱封建制度。立憲政治。與天體運行數量關係等之概念。則屬於此。然此概念又有、形而下。與形而、上、二種、之別。

(一)形而下之保合概念　含經驗之元素。而從想像力之作用。與概念力之作用而出者。則屬於此種。蓋此種概念。由想像力先粲畫其規模體制。繼之以結合種種之分解概念。而能有此。即如前例所揭封建制度。立憲政治之概念即是也。然此種概念。雖不常見。若現所存在。與往者所存在的事物之概念。皆從此次第而出者也。

(二)形而上之保合概念　此概念者。非知覺想像所能及。只僅由概念之作用而得者也。夫空濛窈冥之理。大而至於無究。小亦至於無究。雖文明日進。眞理日開。究之孰綱維是。孰主宰是。終不能得其端倪。只僅就想像之所能及者作一總念。

而集之於次第夫今之所謂概念者。如是而已。又如空間之關係。時間之關係。以及乎原因結果之關係。倫理之關係等。總而稱之爲概念。惟是等之關係者。雖經具象之事物而表見。然決不經感覺而知。以其不包含元素故耳。

概念之階級　雖統名之爲概念。而實有高下種種之階級。如經概括之度多者。其資格愈高等。經概念之度少者其資格稍下等。例如稱亞細亞人與日本人。一爲經概念最多者。一爲最少者。故除立於最高等之屬與最下等之種以外。則一切概念皆可概括於其中。由其階級然也。

概念之關係　與概念有相互之關係者。即拒斥、齊擴、次屬、等屬、及交截之五種是也。拒斥者二個之概念互不相容之謂。齊擴者以二個之概念同其外延之謂。次屬者以此之概念。屬於他之概念之下之謂。等屬者以數多之概念。互同一階級而立於共級之高等之謂。交截者以此之概念中物。與他之概念中物。相合爲一致之謂也。即如左圖所示視之可得而知矣。

拒斥	動物　植物	
齊擴	生物　有機物	
次屬	生物　植物	
等屬	生物 動物　植物	
交截	學者　事業家	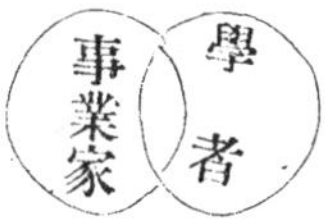

概念之完全不完全　完全的概念云者。組成其概念之元素。及屬於其概念種種之形象。能一一明瞭。使此之概念與他之概念區別判然而各有不同。不完全的概念則無是等之性質。故耳。然概念之完全與否。即爲思念完缺之根本。且爲心理學第一之重點。凡有心於教育事業者。可不於此事三致意乎。今分析其

原因如左。

不完全之原因　此原因有種種之不同

(一)經驗之不足　爲概念組成之材料。由知覺識與想像識也。故此二者之經驗不足。或汎濫而無歸着。則概念必不能完全。

(二)組成之疏漏　方組織概念。自已不能盡比較抽象概括之作用。而以他人之稱呼作概念。則僅得關於普通形象。而作一似是似非之語。不能鑄合觀念而籠照其全神。世人概念力不完全之原因。大半陷於此病耳。然推其受病之由。皆因概念之狹隘。以致每接一物。特據定一部分所有之性質。而認爲全部分普有之性質。如不見水銀者。必以爲此金屬中最堅硬之物。以其不加水銀於金屬的概念之中。是以有此誤耳。又有時而概念力太失於廣闊。如一物也。舉其形象之一端。而謬認爲已盡其形象之全體。此亦大不可。何則。如飛者皆謂之爲鳥。而蝙蝠一種。特不可入於鳥類中。因其形象各有異處。不能以其能飛之一端。而妄下概念。此概念力之所以不易易也。

(三)聯合之弛散　概念與言詞。如能密爲聯合。而始可以常常保持。否則經以歲月。而此之聯合一弛。則組成其概念的種種之元素。亦次第離散。以致其概念遂由是而不完全。如人久棄書卷。每思及學術上之語時、多隱隱約約不能成誦。至其所能舉者。僅不過其著明一二之形質語。此其故因概念與言語相離太久。而印象不能分明也。然經一次概念後。雖其離散難憶。而有時腦印中又隱微間留一線之形象。此概念之力也。

(四)言詞之缺點　言詞者。特爲事事物物之符號。使人藉此得辨別其關係之緻密。與差等。乃人生最緊要之物。然人苟不明辨學。則一動詞間。即陷入於混雜。此爲今人之通病。如宇宙乾坤等語。其間雖有大同小異之意味。若心意遲鈍者與少年初學者。於是等之微妙。既不能認其差異。只得付之以囫圇曖昧之觀念。從此概念力久之而變爲不完全之弊。最可痛恨者。莫過於文章家之文章。支離漫衍。牛鬼蛇神。將其腹中所記得幾個奇怪字眼。雖與文章不相聯合。而必拉雜以辭飾之。其意蓋以爲不如是則不可以博學多通誇人矣。殊不知有害於世道人心。莫此爲甚也。可不戒哉。

概念之修正法　夫概念之力。不僅爲比較抽象概括之作用。以求當時之精密。而其後亦宜續續不絕。以復修此作用。於此一方。則可以補修當初之疎漏。於彼一方。則可防元素之離散。凡一切由概念而來之具象。特殊之事物。使時時現於知覺。或復現心裡。不失概念之光明。又關係其概念一切之事物。更加綿密與廣闊之觀察。以求其類似之點。及差異之點。又陳述概念之普通形象於言語。由是則新理新智。可以復現概念之中。日異而歲不同。如是然後名之爲定義。可無謬妄之處。至於定義之用。即此概念所含蓄的意味。哲學家謂之爲屬性。以其能輔佐概念之完全也。

雖然。概念之屬性。既有種種之龐雜。不遑枚舉。有時亦難保無疎漏妄遺之病。於是又有類聚與區分之法。從差異而求其類似。以分纂之。則謂之爲類聚。(Classification)從類似而求其差異以分類之。又謂之爲區分(Division)至若與是等之法相關係者。則客觀及主觀之教授法。亦不可不講也。

概念力之教育　概念力者。不獨爲思念作用與攀躋高明程度之階梯所必要。凡宇宙間一切之事物。眞不知其幾千萬億。若一一而欲知悉之。到底爲人知所不及。不能不統類求之。以養成概念力之器能。而爲吸取鎔鑄知識之必要也。凡世之注意於教育方法者。則教育一切之關係。不可不綿密審愼。以求其至當。夫初學之士。概好具象而厭抽象。若欲此能力之養成。亦頗有困難之趣。然一旦於事物之間。而得發見類似之關係。亦可謂人生一大愉快事。而教育者苟能乘機於孩提之幼時。以養鍊其能力於不知不覺之中。其一生受益非淺。今爲舉其方如左。

(一)於觀察初發端時。卽並置數多之實物。使兒童自身觀察。以求其形象之類似。

（二）精選標品。即初以類似之形象著明者。使稍辨其差異。使之有認識力。迨至概念力稍生長時。然後次第與此錯雜數多之實物。使兒童自發見其類似。

（三）辨異統同之能力。亦可使同時而運用。即如既得一類之概念。同時又可使之與他類相對比例。如教三角形。命其與四角形對比。而認識差同。自是概念。必逐漸分明也。

（四）以淺近理言。而補其觀察。因兒童由實事實物之直接觀察。而得概念最難。不如先將其屬於概念的種種之故實道理說示之。使自求之書冊。則漸由想像力而結合要點。以作他日之概念。

（五）以命名定義固結其概念。即如由概括所得者。結果則使命名定義。以枚舉其普通之形象。然初時可僅舉其著明者。漸次則及於隱微。此一定之方也。

（六）概念與名稱之聯合。不可不固。每於教授時。僅與其概念使自言其名稱。或示其名稱。使自言其概念。又或舉概念之種類。使之試下定義。又或舉相類似之言詞。使其辨別之。且教授時。凡一切意味不確實之言詞。皆不可用。又以其應答之言詞。時時試問。使得堅固其概念之聯合。

第十章　斷定力

斷定力之性質　由概念力而作概念。以之結合特殊之事物。及事物之全體。與存於二者之間者。如符合與拒斥之關係。今爲明示其所以然。或無機物非腐敗者。或金屬爲流動者。具斯二個觀念而爲指定其作用。此謂之爲斷定力、(Judge-ment)

斷定力之定義　斷定力之性質既如斯。故爲之下一定義曰。斷定力者。基於類似之關係而結合觀念與觀念之作用。

斷定與命題之關係　斷定與命題（Proosetion）之關係。猶如概念之於名稱。然命題者定說斷定作用之結果於言語。故命題之分析。即斷定作用之分析也。

命題之組織　命題由二種之主部相組織而成。即(一)主位、（Sujeet）(二)賓位、

（Predecdato）是也。蓋主位者。不定說的名辭。而賓位者。已定說的名辭也。如謂教員爲教育之命題。教員者屬主位。教育家則屬賓位。

命題之種類　夫命題有時由、渾定、（Affirmative）否定、（Negative）而異其性質。又有時由、全稱（UNivarsal）特稱、（Particular）而異其分量。故命題可分爲四種之區別。即全稱、渾定、。全稱、否定。特稱、渾定、。特稱、否定。是也。論理學中。於是等之名稱。略謂之爲大陽。大陰。小陽。小陰。亦與此同耳。

（一）全稱渾定　此命題者。表示主位之全體。總包含於賓位之中。如謂金屬爲元質是也。故左之圖解。雖其定說爲主位之全體。然關於賓位之全體者。亦不少至賓位全體之何如。則非此命題之所關也。

（二）全稱否定　此命題主位與賓位之間。毫無契合。故不能爲之定說。如金屬者

非混合物。故其定說如左之圖解。乃關於主賓兩

位之全體。凡兩位之中。可得隨意交換。而無謬誤。

因混合物者非金屬。此彰明較著之異性物也。

（三）特稱渾定　此命題者只僅關於主位之一部而定說焉。例如或金屬亦爲脆體。是金屬中有脆體物。而脆體中亦有金屬物。故圖解定說示以兩環之所交其中尚渾而無區別。至主賓眞正全體之如何。又非此命題之所關也。

（四）特稱否定　此命題。若就其定說之主位而言。則關其一部。就其賓位而言。則關其全部。如謂或金屬非脆體。即圖解之脆體的全環。或與金屬之領內有關係。故不能定說耳。

以上四命題。關於定說概念之全體者。則稱爲周義、（Distribute）關於一部分者。又稱爲不周義、（Undistribute）

命題之關係　以上所述四命題之關係者。(一)與(二)成反對。(三)與(四)成小反對。又(一)與(四)及(二)與(三)共成中反對。(一)與(三)及(二)與(四)共成主從對。如上圖。然大反對者。同時不能有兩種之確實。如謂金屬爲元素之確實。則金屬非元素即爲虛妄

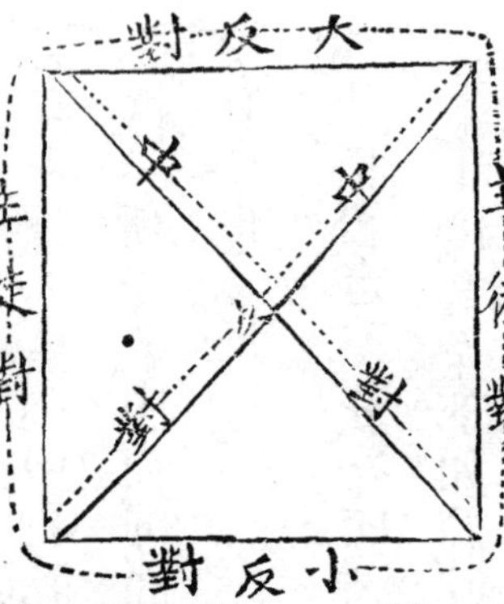

也。然同時亦不有兩者之虛妄。如謂人爲正直與謂人總非正直是兩者一確實。一即虛妄也。中反對者此之一確實時則他之一必屬虛妄。如斷定人非正直之說是時。則斷定人總正直之說即非。小反對者。雖爲一個虛妄。然同時之中。不能兩者皆虛妄。又不能兩者皆確實。如謂人者有正直。亦有不正直。又謂某人爲正直某人則非正直云云。是若皆得確實者也。反之則如謂某人正直之事。有不正直之事。亦有是皆在兩可之間。其言語不能成立者也。主從對者。若主之確實時。則從亦確實也。然以從之確實。每不能證主之確實。如謂金屬爲元素。而下確實之斷

定。則斷定金屬爲元素之確實可勿論矣。然或見金屬之脆。而不可斷定一切之金屬皆脆是也。由此四命題之關係上觀之。夫欲論破〔一〕者時。可證明於〔四〕。欲退〔二〕。則可明〔三〕之眞。此一定之例也。若欲對於〔一〕而辨護〔二〕。或對於〔二〕而辨護〔一〕。不僅爲無用之舉。而〔三〕與〔四〕之特關。又必從比而惹起一番之反駁。此勢所必至也。

斷定與信心之關係　斷定作用者。基於類似之關而結合二個之觀念。當其判斷之際。不可有是信非信之心狀。故稱之爲信心。（Belief）否則信心欠缺。又稱之爲狐疑心。（Doubt）若此心狀一生。必致有多少之鬼胎。以眩惑其判斷之力。使公明可信之事。旋亦中止。故信心者。乃確實斷定而爲萬事之基本。至於信用之本源。又不可不研究也。

信用之本源　信用之本源何如。即左之四種是也。〔一〕經驗之一種。使信用鞏固。而立於最確實之地步者。經驗之一種（Uniformity of Experience）也。何則。凡關於事物之經驗時。苟有差異。則生疑惑心。而不能下斷定。此爲歷來敗事之根。故經驗之不變者。山河可撼。而此心不可移。不僅當時能恃之。即數百世而下。其信用且益確實也。

〔二〕言語之影響　言語與斷定。有親密之關係。故人有聞言語之結合。直表出其現實之觀念而生信取之心者有之。又世之所傳之格言。諺語。書籍語錄等。每令人以之爲作事金針寶筏。哲學家謂語言文字之力。可以變人之心痕腦印。勝於貔貅百萬。故言語之暗潮（Verbal suggesion）者。又亞於經驗而爲信用之本源也。

〔三〕感情之影響　次言語而爲信用之厚薄者。又莫過於感情之影響（Effect of Feeling）也。總之。此感情由想像以脫尋常經驗之範圍而入於稀有經驗之域。則甚難。由感於事物之關係。而想像之以強成現實信用之偏向。則甚易。如宗敎之妄信。私見之偏執。皆由此感情。以發揚其觀念之聯合。而微弱其反對之聯合之結果也。

〔四〕氣志之影響　氣志之影響（Effect of will）者。即使目的之關係。有日益鞏固之勢。例如少年之銳氣充滿。而自有勇往致作之概。其信心由此而厚。又如實業家發動之熱心强。而能肩任繁劇。無少懼阻。其用心更由此而深。設使志氣消頹。凡事皆躊躇不敢爲。則斷定力雖强。終必歸於失敗。是意志者爲一切信心之影響明矣。雖然。由一隅觀之。則如是。若從根源論之。則信用實爲氣志之影響何也。蓋意志者。因欲達其目的而立。設有此目的。而信心不足以副之。則成功也必難。由此點觀。則心意者。可謂自信用而立。無不可也。

斷定之完全　斷定之完全云者。不獨其斷定力得一切概念之分明。而其間種種之關係。亦明瞭窺破。且此之斷定。與他之斷定之區別。更能判然若辨黑白。而無一毫疎漏暗冥之處。反是則其斷定必不完全也。然其不完全之原因。亦有數端今舉之如左。

(一)經驗之不足　誤斷定的原因之最普通者。莫過於經驗之不足。推原其故。皆由觀察之不廣。故每每處事接物時。遇二一物之間。藏有莫大之關係。皆渺茫看過而不能確認其眞相。如庸醫之治病。每病狀之間。而不能看破一定之關係。必不得其病源之所在也。故古人讀書首貴更事。以求其經驗之實力耳。

（二）記憶之缺漏　人若記憶心欠缺。每遇事易生朦朧。如二物之間。設有類似之關係。亦不能確乎保其信心。則斷定力亦因此不完全也。

（三）聯合之弛散　如一時有明瞭之觀念。過時則有言語之聯合弛。遂從而流於汎濫。至不能得其斷定之所在。且其胸中所含蓄者。亦失顯明。而難以復現之識。終必致疑信參半。如斯則欲求斷定之完全。豈可得哉。

〔四〕情意之牽引　凡人當激烈時。則不能有精密之觀察。以其心浮氣動。腦筋已零亂如麻。則斷定力消歸烏有之故也。然有時雖不激烈。而方寸中懷有一種偏頗之見。則斷定力亦不能完全。不寗惟是。又吾人意計之先。切望得一定之斷定。以助此斷定力。則有時興味最多之事實。忽反而爲興味最少之事實。因此而生自然注意之淺深。遂致誤其對照。而不能下一至當之斷定。此古今成事人之所以稀矣。

（五）傳承之弊害　斷定與言語。最有親密之關係。若由言語而傳承他人之經驗。自己不加一番研究。直爲信取之。以下斷定。哲學家謂之爲盲從、派。是亦陷於謬、妄之一、大原、因也。不獨此也。凡古人書籍中。皆含有多少之毒物。貴在人能取擇。之。若迷信其中。而無衝破樊籠之大神力。大思想。遂至養成不完全的斷定力之弊。以爲終身憂。可不悲乎。

斷定力之教育　斷定者。與推理有密接之關係。是斷定之教育法。不可不與推理之教育法合而論也。

第十一章　推理力

推理力之性質　推理力（Reasoning）者。乃前提二個之斷定。然後從其前提推度而得一種新斷定之作用。或稱之爲爲間接斷定之作用。是也。故斷定者。雖爲施其統同作用。於事物相互之關係。而推理力者。則施其統同作用於事物之關係。與關係之間。此推理力之性質也。

推理力之定義　今爲推理力之下一定義曰。推理力者。乃於此之前提所定說的類似之關係。與他之前提所定說的類似之關係之間。而辨白其互相消長之理。以爲結論之作用也。

推理與證明之別　日常之思念。則必履推理之正式。獨結論之現出時。而前提之理。全然不浮表於心面甚多。但其於結論。設有疑惑之時。始廻溯既往之經驗。以求其前提之理。是結論先發。而後追求其前提以證明之。此又名之爲證明。（Proof）然證明法。每與推理之順序成反對。故人有欲强其結論之勢者。而後用之。否則亦少及耳。

推理之種類　推理之中。又分爲內包、推理、（Implicit Reasoning）與外表、推理、（Explicit Reasoning）之二種。內包云者。由小前提直移爲結論。而不表示大前提之原理之謂也。外表云者。揭大小兩前提。履行其正式。而作結論之推理之謂也。

外表中又有種種之類別。然究其中最貴重切要者。莫過於演繹、(Deduction)歸納、(Induction)之二種是也。

演繹歸納兩推理法之性質　歸納法者。由特殊之地位。而進於普通斷定之作用。演繹法者。由普通斷定。而退於特殊之地位之作用也。故若論此兩法之性質。則互相反對。而歸納法。又復有發見、法。後、天、法等之別名。演繹法。又復有敎、解、法。先、天、法、等之別名。至論此兩法之關係。始則從歸納法。而發見普通之原理。次則溯其原理。又從演繹法而推論特殊之地位。然歸納法者。存於事物與事物之間。而有一定不變之關係。如搜索自然之理法。以作演繹法之基礎是也。至其繁難之處。則較演繹法爲特甚。故哲學者之多數。謂人身知識結局之基礎。在於歸納法。因此可想見矣。

演繹推理之法式。今示其法於左例。細心人當能領取之耳。

四足類(中名辭)則哺乳動物(大名辭)也　　大前提

馬（小名辭）則四足類（中名辭）也　　小前提

故馬（小名辭）則哺乳動物（大名辭）也　　結論

合小兩前提與中名辭相比較。猶之結合小名辭與大名辭結論而定說焉。今揭其論如左之八則。

〔一〕推理式之名辭。其數必以三爲限。不可多。又不可少。其一爲大名辭。其二爲小名辭。其三爲中名辭是也。

凡推理式。由大小兩名辭與中名辭相比較。而名辭之數。必以三爲限。若在三以上時。則用二個以上之推理式。又大小名辭所稱之起原。如全稱肯定之命題。主位小。賓位大。中名辭則立二者之間。而作比較之尺度。則有此稱也。又三者之辨別。若中名辭不出結論。則小名辭必爲結論之主位。大名辭必爲結論之賓位。後此可類推也。

（二）推理式之命題數者。亦必以三爲限。其一爲大前提。其二爲小前提。其三即結論也。

大名辭與中名辭相比較。則爲大前提。小名辭與中名辭相比較。則爲小前提。大小兩名辭相結合。則爲結論。故命題數以三爲限。大小前提之位置。則大前提小前提先爲本。則以通常用論。則小前提先於大前提。其變則多。

（三）中名辭者。以一度爲周義。若有汎意。則失之矣。

中名辭一度不周義時。則其全體之如何。不能知。如以長而無分之尺度。以量物之長短。必不可得也。又無中名辭時。則不能生結論。如謂支那爲亞細亞人。朝鮮人亦爲亞細亞人。由二個之斷定。而支那人與朝鮮人。到底關於何地。亦不能得其斷定。又中名辭汎意時。則如用二個中名辭。是不啻以二種之尺度量物也。

（四）於前提而無周義之名辭。則結論必不可周義。

凡推理必以前提爲基。而作結論。設使於前提而結論。爲不周義的名辭。於周義時。則前提亦不能論。必至陷於潛稱小名辭。潛稱大名辭之誤謬例於如謂衆人䀡於利欲。甚可賤。以致世人皆可賤。是潛稱小名辭之義也。又美國人德義甚厚。英國人者非美國人。故謂英國人德義不厚。是潛稱大名辭之義也。

〔五〕前提皆否定時。則不能生結論。

推理者必限於契合之存在。以後可以行。否則差違之生。必不生結論。即如甲乙共不契合第三之丙。則甲乙互相契合乎。將不契合乎。能不知也。若犯此規則時。謂之爲否定前揭之誤。

〔六〕前提之爲一否定。則結論亦可爲否定。又欲證否定之結論。則前提之一必可爲否定。

前提之一否定時。則表示甲乙之不契合於第三之丙。則甲乙之不契合也。明也。是結論則必不可不否定。

〔七〕前提無兩特稱時。則不能生結論。

（八）前提之有一特稱時者。則結論亦可爲特稱。

如（七）與（八）乃同（五）與（六）之系論。勿庸贅論耳。

變體推理式　變體推理式。極爲繁多。今舉其重者如左。（一）設若推理式。（二）選擇推理式。（三）雙關推理式是也。

設若推理式　設若推理式（Hypothetical Syllogisue）者。設有一定制限。若於其制限之內。有確切之事。卽斷定之。今發其例如左。

若以甲爲乙時。則丙爲丁。今甲者乙也。故丙者必爲丁。

若謂年豐時則民富。今年豐也。故民必富。

又若以甲爲乙時。則丙爲丁。今丙非丁也。故甲必非乙。

又若敎育舉時。則民智進。今民智未進。故敎育必未舉。

以上二例。前例以大前提之前項爲小前提。而渾定之。以作渾定之結論。後例則以大前提之後項爲小前提。而否定之。以作否定之結論。此中却有一定法度也。

又此推理式。若欲爲渾定結論時。只可渾定大前提之前項。欲爲否定。又只可否定其後項。不然則前項否定。必陷於後項肯定之誤。又前項否定之誤。犯其推理法式之第四則。而後項肯定。犯其第三則也。

選擇推理式　撰、擇、推、理、式、（Disjunctive Syllogisue）者。或謂之爲離接推理式。以其有選擇於命題中也。今揭其例如左。

甲者爲乙乎。抑爲丙乎。今甲旣爲乙。則甲必非丙。

感情者爲快樂乎。抑爲痛苦乎。今感情者爲快樂。故必非痛苦。

此種推理式。凡於選擇命題中之大前提的前項後。始則有互相對絕之勢。終則有互相之關係。不然。則不能得後此之結論也。又前項所示爲渾定時。則後項可以否定。後項爲肯定時則前項可以否定。此至定不易之理。然此推理式。與他所異之點。在於前提中之否定命題而得抽出肯定之結論。若兩前提爲渾定。又可得否定之結論是也。

雙關推理式　雙關推理式（Dilemma）者。於大前提。有設若命題。於小前提有選擇命題之推理式也。則如左例。

若甲爲乙時則丙爲丁。又戊爲己時則丙亦爲丁。然甲爲乙乎。戊爲己乎。故無論如何。則丙必爲丁。

若學問者爲授有用的智識。則可以研究。又爲育成必要之能力。亦可以研究。今學問者。授有用的知識乎。或育成必要之能力乎。故無論何如。則學問總可以研究。

由是觀之。則此推理式者。動則易陷於議論雌黃。掩飾事實之弊。觀左之論難可以知之矣。

論者曰。議論者。不名譽之物也。何則。演述平易之論。則學者笑之。譚繹高尚之說。則俗人誹之。故無論如何。議論者總難免於不名譽也。

難之者曰。否。議論者。爲世界最名譽之物也。譚平易之說。則俗人稱之。述高尚之論。則學者嘆之無論如何議論者。總爲名譽之府也。

推理之虛妄　推理之虛妄。有僅關於論式者。有關於論式與故實者。有僅關於故實者之三種。(一)者破法式之八則。(二)者謎語謎句混合分釋等之虛妄是也。(三)者無緣推論。偶有推論。循環互證。無緣原因等之虛妄是也。今將是等之虛妄。舉其一例如左。

何以謂之爲謎語。乃將大小名辭中。及中名辭之意義。汎意無歸。曲論不衷者也。如謂身幹之短少者。小人也。小人必耽於利欲。以致凡身幹之小者。皆謂之耽於利欲。

何以謂之爲謎詞。以其用似是而非。模稜兩可之言語。使人皆易受其迷惑而不覺。如謂以星度推之。則年豐。以節氣察之。則又有不豐之兆云云。究竟如何。終不得而知。此世俗巫蠱之言。多半以此語法爲辨人之具耳。

混合者乃以前之同一名辭爲普通名辭。後用集合名辭以結論之者也。例如謂尋常小學校。與高等小學校者。乃二個之學校也。小學校者。尋常小學校。與高等小學校也。故謂小學校者。乃二個之學校也云云。即混合之謂也。

分釋者。與成前反對之勢。初以集合之名辭。後用普通之名辭概之。如日本人者。由男女老幼而成。其國會議員者。日本人也。故謂國會議員。爲由男女老幼而成。此即分釋之謂也。

無緣推論者。放論無著。每出於問題以外者也。如謂某某之言。吾甚不是之。何則。以其言行不一。致隣家某某。常告我也云云。蓋問題之關係。并不在隣家。今忽因其人而推及之。可謂無緣推論者也。

偶有推論者。乃以普通之規則。推及於條例以外。又以例外之規則。而推論於普通之中。如謂殺人者。罪人也。今兵士因戰爭而殺人。亦謂兵士爲罪人。此則偶有推論之謂也。

循環互證者。乃以結論同一之旨趣中而論之。而變爲前提之理者也。如天下之眞理不容疑。孔子之敎者眞理也。是以孔子之敎固不容疑云云。此卽循環互證之謂也。

無緣原因者。或因現象而無實指之緣。不能不歸於原因。如謂世不治故慧星見。卽此意耳。

演繹推理之完全　夫推理之能完全者。以能分明事物互相關係之理。而無疑惑之差。使寸衷稍亂。則意火燃燒。必變爲激烈之情動。而躁妄粗率之氣。卽隨之而起。以致對於言詞之觀念。亦流於汎濫。而不知不覺之間。更變成一種以言詞替觀念之傾向。故聽他人之論辨時。其論式雖有可取。而心線已偏。故不問其論旨之正否。直不欲承認之。以是陷入種種之弊。而演繹推理。亦由此不能完全。故有識者以力除是等之弊。最爲緊要。凡處一事。其關係與關係之統同。宜精密以求其眞相之所在。而後無皮膚之見。否則知二五不知一十。誤人固不淺。自誤亦良深矣。

歸納推理　歸納推理者。以能歸納特殊之理論。而得普關眞理之結論者也。何以言之。蓋天地之妙理無窮。惟心得者爲貴。人苟知鑰一開。則理從而入。所謂特殊之理論者。即經驗之結果也。然此經驗法。亦有多端。要之不外出於自然。與出於人爲之二種。故前者謂之爲觀察(Odservation)後者謂之爲經驗。(Experience)蓋觀察者。在事變現象於其自然。故其所觀察。皆爲受動的而非自動的。是以僅恃此法。則發見眞相之理法。決非容易。即如世之天文學。每以限於觀察。而不得理學之部分。故其進步頗却遲遲也。經驗者則反之。隨意而變化其事物之境遇。凡一切有原因可察的事物。必反覆推究其結果之所在。此其所研究者。乃屬於發動的事變現象。而能窺見多少之眞益實相。其効用可謂極廣。且大。世之學術。所以能有今日之進步者。大半皆由此法之力耳。然而經驗之要者。莫過於虛心平氣。以判斷現象。而後無毫末千里之差。苟任吾偏頗之見。以泥執不化。或務獨得之說。不使强同。不僅眞理不能出。而經驗之功用。亦因此而盡失矣。虛心觀理者。宜三復斯言也。

經驗之五法　經斷之五法云者。〔一〕契合法（Method of Agreement）〔二〕差違法（Method of Difference）〔三〕併用法（Joint Method）〔四〕殘餘法（Method of Residue）〔五〕共變法（Method of Concommetant Variation）是也。

契合法　此法則以教多之經驗。苟現於同一之現象時。則其存在之前項。必有多少現象之原因。與多少現象之結果。例如驗各種之花。其色爲紅艷者。必乏之香氣。有香氣者。必乏紅艷。此二者之間。其原因結果之關係。必以此法而後可知也。

差違法　此法謂人生經驗。每於現象之生時。必存在。其不生時。必不存在。則其前項亦有多分現象之原因。與多分現象之結果。例如飲酒則必醉。不飲則必不醉。是飲酒與酩酊之間。能知其原因結果之聯絡。此謂之爲差違法。然用此方法。則可宜注意者。在變此之境遇時。而不變他之境遇則是也。然有時又不能使不變者。此又不得拘定一格也。於是乎併用法生焉。

併用法　此法則以前之二法而合爲一。如於甲乙二點之經驗。甲點之現象。所以使不異於乙點者。因甲點之所有前項。於乙點而不有之故也。是其前項必有多分現象之原因。及其多分之結果也。例如各種之物質。遇熱則膨脹。不遇熱則不膨脹。則熱與膨脹之間。又必有原因結果之聯絡。不可不知也。

殘餘法　此法則謂由既往之經驗。而生出或前項與或後項幾許之餘影。如此部已分明。則彼部之分明餘影。已從現象中引之而去。以其此種殘餘現象之部分者。卽殘餘前項之結果也。例如黃金與銅之合金。若銅之現象分明時。則合金之現象。必因此引之而去。其所殘餘部分者。卽爲黃金之餘影可知也。近日化學之試驗等。多用此法耳。

共變法　此法乃謂此之現象。與他之現象。苟同時同量而作變化時。則此二現象之間。必存有原因結果之關係。可以推測而得也。例如以排氣鐘而試驗音響。則察其音響之晦明。與空氣排出之多少。卽可知音響之傳導。及空氣消長之程度耳。夫此法者爲差違法發達進步之徵驗。而近世學術之研究等。正多用此種法也。宜細心察之。勿囫圇看過也。

歸納法之完全　歸納法之完全者。凡一有關係之事物。既點水不漏。又加以經驗之力。然後下以斷定。必能得事實之眞相而無千慮一失之過。故眞正的完全歸納法。於前提之理。不容輕易放過。必求其消長變遷所在。故結論之際。而言能中肯。與他人之游移模稜者。自有天淵之懸隔也。然有時而窮屈無所出。覺不能生新知識。以爲推理之用。而萬一失之經驗。到底有不可恃者。則歸納之推理。畢竟不得其冰釋也。但推其受病之根。皆由於經驗不廣。故不完全之度。所以不能免也。故人有讀萬卷之書。而不能成一事者。以無經驗之故耳。

雜合推理　夫雜合、推理、(Complex Reasoning)之緊要者。即蓋然、推理、(Probable Inference)及酌、例、推理、(Analogy)是也。凡有稱普關眞理者。其實未能保其無缺點。因世人之心目中。各有一泥滯偏向之病。彼所謂普關眞理者。終不過爲天理之常局。而非天理之變局。故往往以公理斷事而結論之際。必流於迂闊。而不切中萬物錯綜之原則。此所謂蓋然推理是也。例如斷定積善之家。必有餘慶。有慈仁者。必得幸福。即此種推理之謂也。又酌例推理。乃觀察二物。見其主要的形質之多數者。互相爲一致。遂以爲其他之形質。亦以互相一致目之。此即酌例推理之作用也。例如豫言年之豐凶。則以天氣之端兆。節候之寒暖。多持旣往豐年凶年之經驗。以爲一致之觀。故即斷定本年之豐凶。此乃謂之爲酌例耳。

斷定推理二力之敎育　夫敎養斷定力之方法。宜先比較物體之大小距離等差。由簡易爲始。漸次而進於複雜之地。而其斷定力之結果。又可明瞭以陳述之。使人知其練習之方。與其下手之處。從此敎養兼進。而斷定力不完全之原因。遂由是可除。且第一最宜注意者。莫過於抑制偏執心。以養成其服從條理之習慣。則漸次有由難入易之勢。又斷定者。乃由自身之堅乎不拔之志氣而出。不可有依賴他人之習慣。如妄示以無形之事物。而非其力之所能及。必不能下斷定。則自信之勢力。必自此而弱。依賴他人之性質。必自此而生。則終其身而不能得思想之獨立。其害爲不淺也。故教授之際。只可以示有形之物質以教練此能力。惟此爲最便也。又推理之初發生時。在幼年必生多少之疑問。教育者能不厭其繁。而爲之懇切明白。以講演之。則其能力自日有不同。故此能力之養成法。其責任皆在於教授者。可不重哉。如論其適當之法。凡各種學科。無不可一一供其教練。然其中最適於教練者。莫善於理科之學也。蓋理科之學者。可以從事於係屬之順序。秩秩然可得排列知識之能力。於是由歸納以求其原理之所在。并循級而進。凡一切之原理結果。又可演繹而論究之。其進步更不限量矣。故欲正經紀而教練推理之力。惟此學爲最適宜也。然而理科之學中。亦有偏於歸納者。與偏於演繹者之別。如形而下之理學。大抵主歸納之說。而關於數理諸科。則又重於演繹之法。何則。蓋形而下之理學者。在於觀察現象。欲分析而達於普通之理法。而關於數理諸科。又在根據自明之原理。并結合原理相互之妙諦。欲由演繹而達於新結果之地。以是故形而下之理學者。可以充歸納推理之演習。而關於數理諸科者。又可供演繹推理之研究也。雖然形而下之理學。縱能進於高尙的程度。從而益趨於演繹。若尋其初軔之起點。亦在乎觀察經驗之必要。蓋以其達於定義原理已後。苟漸漸歸於演繹。而得解釋事實之現象。以證明之。又應用數理。亦益深進於演繹。不能不如是耳。然至此程度。又不必拘定於實驗。直由定義理法。以作演繹之教授。亦不可也。是以正當的教授法者。不可不併用歸納演繹之兩法。惟慧心人自能解之耳。

第十二章　教授法

教授法之二種　教授法固有二種。即客觀的教授法（Odjective Teaching）與主觀的教授法（Sudjective Teaching）是也。

客觀的教授法　此法乃由事實現象而入漸次達乎定義原理。又謂之爲歸納的教授法。即是也。然此法於教授之第一步。在使其依於感官。以知覺物體之性質并其相互之關係。以作心意活動之基本。其第二步則在使其比較二箇以上之事物。以認識其與類似差異之點。若論此比較作用。則先由物體著明之性質爲始。次第而及於隱微的性質。與其互相消長變遷之理。其第三步則在集各種物理之類似者。而作一團。又分其不類似者。區爲別團。此即所謂客觀的分類（Objective classification）是也。其第四步則在於是等之各團中。抽出其固有的性質。而鎔鑄以概括之。進而立普通之眞理。使達夫定義之程度。客觀的之敎授法。如是而已矣。

客觀法之性質　夫此法之性質。亦多端。今舉其要如左。

〔一〕知識所收得之物理。若能含有活動圓流之概。則於一切之運智上。可占最先之地位。

〔二〕由外界之實驗而始得者。則於心意上。屬客觀之範圍。而非主觀範圍。

〔三〕將事物聚而爲一。作一總括之義者。則於問學上屬之於總合之作用。

(四)凡理法與定義。欲求其歸着之所在。於論理上則取歸納之法。

客觀法之功用　此法若從心意發育上觀之。則主助心意之生長者也。故不僅關於外界之實念。而必經過此境界。而後有可據。即諸能力自然之順序。亦必從此而後有活動之用。此古人所以謂萬象輔一心。而一心可以化萬法者。正以此也。又自立者必立人。自新者必新人。一已苟能觀破宇宙之事物。而得本本原原之妙。則必出其心之所得者。全而輸諸一國之民。使人盡爲獨立有用之才。而不至忘其邦國之觀念。其功用亦可謂廣且大矣。

主觀的敎授法　由客觀法而會悟之事實。或比較其義。或彙別其事。合天地萬物之奧窔。而一鑄於方寸之內。則一切知識。漸次皆歸諸心意之所有。而無物隔之病。由是則其講求方法。可移之於主觀法之範圍以內。然此法之第、一、步。則在於題項之定義。至於求此定義之所歸。又有不可欠缺之性質二焉。即簡、易、與眞、實、是也。故哲理雖深。而定義之下。宜用簡易明瞭的言詞出之。以表暴其眞實之全體。萬不可淺理深言。作鈎心鬬角之舉。使公明之理。而復有重複苦難輪解之弊。其第二步、則在區分題項。明辨諸部分之原則也。至其區分之法。又必以一元爲基礎。雖其區分諸部。不能免於眞實之差異。而基礎一立。則題項之性質。即從而定。由是或出之以自然。或任之以意匠。自有左右逢源之勢。又惟其諸部互相依從之秩序。又不可不排列以分畫之者。此謂之爲主、觀、的、分類（Sudjective classification）是也。其第三步。則在於推明前項而作一區分各部之定義。其第四、步。則在以題項之大區分爲同一之方法。更進而再分各部之精微。由是定義與區分。有分明之現象。而萬事萬物之根元。及其結局之事實。至此而無以復加。則前此心意之作用。遂循環再返於客觀之範圍。消長之理。固如是耳。

主觀法之性質　以上所論四步之教授法。其中自有其性質。今舉之如左。

（一）由收得之知識爲發端。逐漸而達結局之事實。則於運智上則占第二着之位地。

〔二〕以存於內界的題項爲始。於心意上則屬於主觀之範圍。
〔三〕得一命題因條分而縷晰之。於問學上則屬於分解之作。
〔四〕由普通之原則爲起點。進而求線面之理。於論理上謂之爲演繹之法。

主觀法之功用　主觀之法。若自心意發育上觀之。有日進於强健之勢。蓋以此法之於心意及其影響。猶如體操之於身體。絲毫不容假借也。若言其主功。則心意之勢力。必由此而日有增進。若言知識之程度。卽此可以悟知識應用之方針。以消極論。且能統括諸現象於理法之界內。以積極論。又可求討理法之變遷於諸種現象之中。以此觀之。則此法者。不僅爲開通知識之橐鑰。又可爲收藏萬智之篋囊。人苟能於此而得其要領。則教育之事業。自可綱舉而目張。無稍遺憾矣。然而有可慮者。則以此法功用之多少。專從客觀基礎之廣狹而定。若使基礎稍涉於狹隘。則智慧之圈線日縮。而主觀法者終不過爲空想之媒而已。是不僅一生智力之進步不可期。而於學問上更却有無形之害也。可不愼哉。

兩法之併用　由前之說觀之。則完全無缺之教育。必合客觀主觀之兩法而併用之。不可立輕重緩急於其間也明矣。至於兩法相成相合之秩序。自具有一種天然之性質。而決不可以相掩。此交相爲用之原則也。即如授一種教育。始從主觀法爲起點。終必周知客觀之全體。蓋觀二五自能通一十。此乃天演對待之公理。無容疑也。至於兩法之關係。其中又有秩級者。如客觀法者。乃發動人一心之知覺作用。以養成其精密注意之氣習。與其讀書窮理之特識。使之日遵循於正宗。而不至爲岐路所迷。主觀法者。乃所以整頓知識之規則。辨明理慾之關係。使方寸之內。天君泰然。百體從令。而不至誤解客觀的之影象。且得推知原則應用之玄妙者也。然而有最要者。則關於此應用的注意。而有不可忽畧者二焉。第一、則、於此原則。不可不立一嚴正的客觀法。使萬物爲心界之註。脚心界不受萬物所奴隸。第二則於應用之範圍內。初立定一原則。使可以操縱萬物。擎雲排日。爲我獨尊。而不至出入無鄉。牽心於情欲界。致有尋流忘返之患。如是而已矣。

系論　以上所述。其中秩序方法。各有關係。今揭其要領如左。

(一)外界之初發觀念。必以感官之觸動。而直接收取之。以充五官百骸之教練。以養此知覺觀察之力。有固然也。然心爲百法之輪迴。一應態狀之知識。皆宜從此經驗而過。始得窺破其玄妙。若一聽感官之代用。而無宰制之方。亦爲心之大害矣。

(二)五官百骸之教練。宜有整齊嚴肅之紀律。以主制之。而後官骸可致充分之銳利。否則有聲香味觸發之害。

(三)養成注意力。則宜以適當聯絡之事物。使之意有所警策。則心線漸漸引入腔子裏。而無散漫之憂。凡在幼年。切不可强示以抽象無形之物。以塞其活機。此最宜留意也。

(四)初等教育者。可以知覺上之知識。爲其基本何也。蓋知覺上之知識。而爲求一切高尙的知識必要之楷梯。況幼時者。乃又知覺力之最活潑的時代也。

（五）記憶力者。在將知覺及觀念之聯絡。叮嚀反覆以表示之。且更求最適當的教練法。此為必要也。

（六）思想之作用。人各有其程度。深人無淺語。妄誕者不可以談玄。有志教育者。又不可不知也。

（七）觀念者以言語為接合之機關。如授以名目。使知實物。教以文章。使明思想與以定義。使解語實際。天演中無急躁而成之物。人亦如是也。

（八）教授者。由已知而達於未知者也。如由具體而虛體。由簡易而複雜。由事實而定律。皆此程度也。且研究單一之物體。則可進於普關。研究數多之物體時。則可進於特關。故循序而前。必有可觀。躐等以求。多無實據。

（九）智力之運用。可使人自領取之。而教師者。惟支給其材料。以指示其進路而止。哲學家謂智門不開。理無從入。即此謂耳。

（十）教育者。國之魂。盛衰存亡。即以此為準則。種獨立國民之因。而後得獨立國民之果。有志教育者。宜三復斯言也。

然吾之所以編是言者。乃參合東西之群說。非出之一己之臆見。語之於深人也可。語之於淺人也亦可。究之一國之關係在國民。國民之智愚在一心。古人謂強國者先强其魂。救人者先救其心。苟心理之不明。則智慧無生根之地。如是而欲言教育之精神。不啻使盲牛就道。跛者學步。欲求其一日而千里也。豈可得哉。豈可得哉。

心理教育學終

心理教育學校勘表

頁	行	誤	正	脫	衍
五	七	行躬	躬行		
八	六			痛（感下）	
九	九	隨	髓		
十二	十	指潑	潑指		
十二	十二				高（其下）
十四	五（末行）				能力之發達
十五	十			用（先上）	
十六	十一	遺（傳上）	遺		
十八	八	具人	人具		
十九	四	永（適上）	求		
二三	四	默	點		
二七	十			無（先下）	
三十	十	心（拙上）	必		

頁	行	誤	正	脫	衍
六八	十二	述	迷		
七六	九	旦	且		
八一	十	汎	汎		
八一	十一	汎	汎		
八三	十二	網	綱		
八六	四	汎	汎		
八六	五	成	織		
八八	十二	妄遺	遺忘		
九四	圖右旁左旁	徒	從		
九八	一			於（每下）	
九八	六	汛	汎		
九八	六	畜	蓄		
九八	六			有（以上）	

心理教育學校勘表二

三二	三	其立	立其		
三三	二				之（可下解上）
三三	六	於（一上）	爲		
三四	一	教於（育上）	於教		
三九	四	以	其		
三九	五	近	迅		
三九	七	末	未		
三九	十一				他（此上）
四十	一	辦（異上）	辨		
四十	十二	雜（距下）	離		
四六	九			外（界上）	
四七	九（行首）				能
四九	十一	辦	辨		
五二	九	得而	而得		
六六	十二	固	是		

心理教育學校勘表四

百〇二	五	教	數		
百〇三	五	汎	汎		
百〇三	九	汎	汎		
百〇四	一				於（如上）
百〇四	五	以（後上）	而		
百〇四	六	能不	不能		
百〇六	十			式（他下）	
百〇九	三	成前	前成		
百十二	十	酪（酊上）	酪		
百二十	三	碇	礎		
百二三	七	岐	歧		

古梅　黃葆恒校正

光緒二十八年十月二十五日印刷
光緒二十八年十一月二十日出版
（定價大洋五角）
著　者　日本久保田貞則
上海英界大馬路同樂里
印刷所　廣智書局活版部
上海英界大馬路同樂里
發行所　廣智書局
心理教育學